더도 말고 덜도 말고
세시풍속 열두마당

더도 말고 덜도 말고
세시 풍속 열두 마당

초판 1쇄 발행 2012년 5월 25일
초판 10쇄 발행 2023년 10월 4일

지은이 김은하 **그린이** 윤유리 **기획편집** 네사람
발행인 이재진 **도서개발실장** 안경숙 **편집인** 이화정
책임편집 한재준 **디자인** 씨오디 Color of Dream
마케팅 정지운, 박현아, 원숙영, 신희용, 김지윤, 황지영 **제작** 신홍섭

펴낸곳 (주)웅진씽크빅
주소 경기도 파주시 회동길 20 (우)10881
문의전화 031)956-7403(편집), 031)956-7069, 7569, 7570(마케팅)
홈페이지 www.wjjunior.co.kr **블로그** blog.naver.com/wj_junior **페이스북** facebook.com/wjbook
트위터 @new_wjjr **인스타그램** @woongjin_junior
출판신고 1980년 3월 29일 제406-2007-00046호 **제조국** 대한민국

글 ⓒ김은하, 2012(저작권자와 맺은 특약에 따라 검인을 생략합니다.)
ISBN 978-89-01-14628-7 74910 | 978-89-01-05739-2 (세트)

웅진주니어는 (주)웅진씽크빅의 유아·아동·청소년 도서 브랜드입니다.
이 책은 저작권법에 따라 한국에서 보호받는 저작물이므로 무단전재와 무단복제를 금지하며,
이 책 내용의 전부 또는 일부를 이용하려면 반드시 저작권자와 (주)웅진씽크빅의 서면동의를 받아야 합니다.

＊잘못 만들어진 책은 바꾸어 드립니다.
※주의 1_책 모서리가 날카로워 다칠 수 있으니 사람을 향해 던지거나 떨어뜨리지 마십시오.
       2_보관 시 직사광선이나 습기 찬 곳은 피해 주십시오.
웅진주니어는 환경을 위해 콩기름 잉크를 사용합니다.

더도 말고 덜도 말고
세시풍속 열두 마당

김은하 글 윤유리 그림

웅진주니어

머리말

철마다 달마다 무얼 하며 살았을까

친구들은 명절 가운데 어떤 날을 알고 있어? 흰 떡국 먹고 나이도 한 살 더 먹는 설날, 더도 말고 덜도 말고 딱 이때만 같아라 하는 한가위? 지금도 가장 큰 명절로 쇠고 있으니 이 정도는 누구나 알 거야. 이 도령이 그네 뛰는 춘향이에게 반했다는 오월 단오도 아는 친구들이 제법 있을 것 같군.

그럼, 화사한 봄날 화전을 부쳐 먹으며 꽃놀이를 즐기는 날은? 아니면, 동쪽으로 흐르는 물에 머리 감으며 한여름 더위를 식혀 보는 날은? 삼짇날이니 유두니 하고 답을 알려 줘도 고개를 갸우뚱하는 친구가 있을 것 같군.

지금은 명절이라고 하면 앞에 말한 설날이나 한가위 정도를 생각하지만 옛날에는 명절이 꽤 많았어. 그리고 계절 변화를 가늠하게 해 주는 절기가 일정한 시기마다 있어서 그때마다 철에 맞는 풍속들이 있었고. 이런 명절과 절기는 사람들 생활에서 무척 의미가 컸지.

옛날에는 사람들이 대부분 농사를 지으며 살았잖아. 농사는 자연에 많이 기대는 일이고, 무엇보다 계절의 변화를 잘 따라가야 해. 봄에는 씨 뿌리고 가을에는 추수를 하는데, 씨 뿌리기 전에 땅을 가는 일을 비롯해서 여름에 김을 매는 일이며 다 자란 곡식을 베는 일까지 때를 잘 맞추어야 하거든. 씨 뿌리기가 너무 이르거나 늦으면 농사를 망치고, 제때 거두지 않으면 애써 지은 농사가 말짱 도루묵이 돼. 또 작물마다 심고 베는 시기가 달라서 이것 역시 때를 잘 맞춰야 하고. 그러다 보니 사람들 생활도 당연히 계절의 흐름을 따라갈 수밖에.

　그래서 사람들은 일 년 열두 달을 일정한 주기에 따라 매듭을 짓고, 그때그때 시기에 맞춰 일을 해 나갔어. 그러면서 사이사이 한 번씩 쉬어 가거나, 수확이 끝나고 나면 한바탕 놀기도 하고 말이야. 물론 풍성한 수확 뒤에는 하늘과 조상님들께 감사드리는 것도 잊지 않았지. 절기니 명절이니 하는 건 다 이런 시간의 마디와 쉼표들이고, 그 속에서 다양한 놀이와 문화가 만들어진 거야.

　내가 친구들에게 한 해 동안의 이야기를 들려주는 까닭은 바로 그래서야. 옛사람들이 어떻게 살았는지, 어떤 놀이와 문화가 있었는지 알되, 어느 하나만 똑 떨어뜨려서 볼 게 아니라 그것들이 일 년 열두 달 흐름 속에서 서로 어떻게 연결되어 있는지를 함께 보는 게 좋을 것 같거든. 그러면 보다 깊고 폭넓게 알 수 있을 테니까 말이야. 자신이 직접 겪어 볼 수 없을 때에는 그것을 경험한 사람한테서 이야기를 듣는 것도 좋은 방법이잖아.

　아직은 나도 어른들에게 듣고 배우는 처지지만, 친구들도 함께 알면 좋을 것 같아 용기를 내서 이야기보따리를 풀어 보았어. 그냥, 오래전 살았던 복동이라는 아이가 이렇게 살았구나 하는 이야기로 들어 줘도 좋을 것 같아.

　내가 아는 대로 이야기를 술술 풀어 볼 테니 귀 쫑긋 세우고 들어 봐. 귀여운 내 동생 학동이의 활약도 꽤 크니까 기대해 주고!

－《세시풍속 열두 마당》을 펼치며 복동이가

등장인물

복동이와 학동이
언제나 즐겁고 사이좋은 형제.
형 복동이는 공부를 잘하거나 재주가 뛰어나지는 않지만, 어른들이 일러 주는 삶의 지혜를 귀 기울여 들을 줄 안다. 동생 학동이는 책이라면 줄행랑부터 치지만, 호기심이 아주 많다. 곧잘 엉뚱한 소리를 해서 식구들을 즐겁게 한다.

할아버지
농사짓는 틈틈이 글 읽기를 게을리 않는 학구파. 세상살이와 자연의 이치에 대해 늘 연구하며 원리를 알고자 노력한다.

부모님
들에 나가 곡식 돌보랴, 집에서는 자식들 돌보랴 한시도 쉴 틈이 없다.

숙영 누나
복동이와 학동이를 알뜰살뜰 챙겨 주는 누나. 예쁘고 살림 솜씨도 야무진 집안의 든든한 맏이.

상수 형
이웃에 사는 형으로 숙영 누나만 보면 넋을 놓는 증상이 있다. 숙영 누나에게 장가드는 게 지상 목표.

달구
이웃에 사는 복동이 친구. 집안 형편이 몹시 어렵지만, 성격이 밝아 친구들과 즐겁게 어울리며 지낸다.

본문에서 붉은색으로 적은 낱말은 '세시 풍속 백과'에서 자세히 다루는 내용입니다. 그리고 파란색으로 밑줄 친 낱말은 해당 쪽수 맨 아래에 낱말 풀이를 하였습니다.

차례

정월, 새해 복 많이 받으세요··8

정월 대보름, 휘영청 밝은 보름달에 풍년을 기원해··22

이월, 아지랑이 피는 들판에 쟁기질 소리 요란해··38

삼월, 강남 갔던 제비가 돌아오는 삼짇날··52

사월, 초파일이라 형형색색 등을 밝히고··66

오월, 붉은 치마 휘날리며 그네를 뛰세··80

유월, 차고 맑은 물에 삼복더위 흘려보내고··94

칠월, 여름 농사 마무리하고 풍년을 기다리네··106

팔월, 더도 말고 덜도 말고 한가위만 같아라··118

구월, 풍년가 울려 퍼지는 가을 들판에··132

시월, 가을을 보내고 겨울 준비로 바쁜 달··146

십일월, 동짓날 붉은 팥죽으로 귀신 내쫓기··160

십이월, 한 해를 마무리하고 새해를 준비하기··174

정월
正月

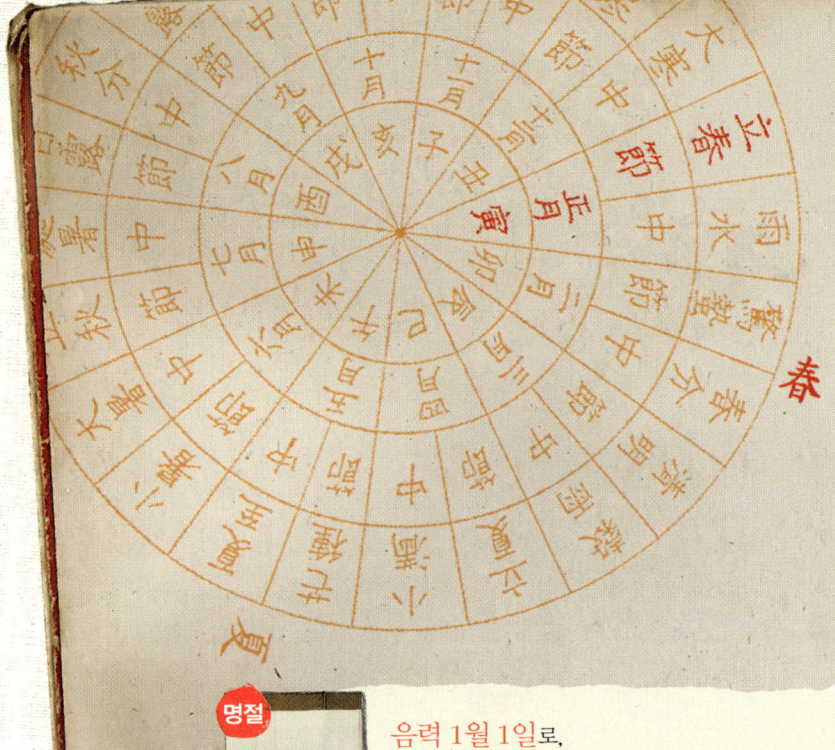

명절 — 설날
음력 1월 1일로, 한 해가 시작되는 날이다. 가장 큰 명절로 신원, 원일, 원정, 정일이라고도 한다.

절기 — 입춘
양력 2월 4일경으로, 봄으로 접어드는 날이다. 큰 운이 찾아오기를 바라며 좋은 글귀를 써서 대문이나 기둥에 붙인다.

새로운 해가 시작되는 설날 아침!
날마다 맞는 아침 해지만, 새해 첫날 보는 아침 해는 남다르다.
늘 흘러가는 시간과 반복되는 계절이지만
거기에 마디를 짓고 의미를 새기니 남다른 날이 된다.
땅 갈고 씨 뿌리는 일은 다 이 시간의 마디를 따라간다.
묵은해의 나쁜 일들을 떨쳐 버리고 새롭게 시작하는 설과
봄을 알리는 입춘이 이웃해 있어 더더욱 새로운 느낌이 크다.

새해 복 많이 받으세요

"으악!"

새해 첫날 아침부터 학동이의 비명이 집 안을 울렸다.

"섣달 그믐날 밤에 잠잤다고 정말 눈썹이 희어진 거야?"

지난밤 학동이가 잠이 든 사이 눈썹에 분가루를 발라 놓았더니, 정말로 눈썹이 센 줄 알고 놀란 것이다. 눈물까지 글썽거리는 학동이를 보며 식구들 모두 배꼽을 잡고 웃었다. 나도 예전에 학동이처럼 식구들이 장난친 줄도 모르고 눈썹이 셌다며 기겁한 적이 있었다. 크크. 누나가 눈썹을 닦아 주었더니 학동이는 금세 헤헤거리며 웃었다.

한바탕 소동이 끝나고 차례 상을 차리는데 학동이가 벽을 바라보며 고개를 갸웃거렸다.

"근데 부엌에서 쓰는 조리를 왜 여기다 걸어 놨어요?"

조리 : 쌀을 이는 데 쓰는 도구로, 가늘게 쪼갠 대나무나 싸리로 만든다.

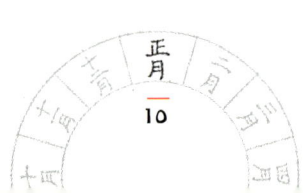

"저건 그냥 조리가 아니라 복조리라고 하는 거야. 조리로 곡식을 일 듯이 복을 많이 일게 해 달라는 거지."

학동이는 할아버지 설명에 고개를 끄덕거리더니 차례 상 앞에 넙죽 엎드렸다.

"복 많이 달라고 조상님한테도 빌어야지."

그런 학동이를 보면서 할아버지는 흐뭇한 표정으로 허허 웃기만 하셨다. 할아버지는 학동이가 뭘 해도 귀여우신가 보다.

차례를 모신 후 할아버지께 먼저 세배를 올리고, 아버지 어머니께도 세배를 드렸다.

"숙영이는 좋은 신랑감을 만났다지?"

할아버지 말씀에 누나가 수줍게 웃는데, 학동이 눈이 등잔만 해졌다.

"어, 누나 정말이야? 누나는 상수 형한테 시집가는 거 아니었어?"

학동이 말에 누나 얼굴이 새빨개지더니 허둥지둥 부엌으로 가 버렸.

어른들이 덕담을 할 때는 바라는 일이 꼭 이루어지라는 뜻으로, 일이 이미 그렇게 된 것처럼 말을 한다. 그런데 학동이는 정말로 누나가 짝을 만난 줄 안 모양이다. 나도 학동이만 할 때 할아버지가 "복동이는 천자문을 다 뗐다지?" 하셔서 깜짝 놀랐던 적이 있다.

학동이 덕에 아침부터 웃음꽃을 피우며 떡국을 먹었다. 동글납작한 흰 떡이 어찌나 맛있는지 꼴딱꼴딱 잘도 넘어간다.

덕담: 새해를 맞아 남이 잘 되기를 빌어 주는 말.

"그렇게 맛있냐? 이 할아비는 안 먹어도 배가 부르다."

할아버지는 내내 웃음 띤 얼굴로 우리를 번갈아 보셨다.

"아, 잘 먹었다. 이제 나도 일곱 살이네."

학동이가 수저를 탁 내려놓으며 손가락을 꼽아 보였다.

"허허, 우리 학동이도 이제 다 컸네. 올해는 학동이도 서당에 가야지?"

할아버지가 학동이 머리를 쓰다듬으며 웃으시는데, 학동이는 서당이라는 말에 "예에?" 하면서 갑자기 힘이 쭉 빠졌다.

"한 살 더 먹는 게 좋은 일이 아니구나."

학동이가 힘없이 중얼거리는 소리에 식구들은 어깨를 들썩이며 키득거렸다. 아무튼 학동이 덕에 우리 집은 새해 첫날부터 웃음꽃이 피었다.

학동이와 함께 동네 어른들께 세배를 드리러 다녔다. 새해 아침 새 햇살 아래 울긋불긋 색동저고리며 곱게 물들인 치마로 설빔을 차려 입은 사람들을 보니 마치 봄꽃이 핀 것 같았다.

길에서 아기를 업고 나온 명돌 어머니를 만났다. 태어난 지 몇 달 되지 않은 명돌이는 어머니 등에 업혀 세상모르고 자고 있었다.

"학동이는 떡국을 몇 그릇이나 먹었어?"

명돌 어머니가 학동이 머리를 쓰다듬으며 물으셨다.

"두 그릇이오!"

　학동이가 배를 쑥 내밀며 자랑하듯 말하자, 명돌 어머니가 깔깔 웃으셨다.

　"호호, 얘도 참! 오늘 아침에 먹은 그릇 수 말고 네 나이를 묻는 거야. 그럼 학동이는 이제 두 살이구나?"

　명돌 어머니는 생글생글 웃으며 우리 손에 약과를 하나씩 쥐어 주셨다.

　세배를 마치고 돌아오니, 이집 저집에서 절값으로 받은 강정이며 엿이 꽤 많았다. 당분간 주전부리 걱정은 안 해도 되겠다. 명절은 이래서 좋다니까.

　날이 저물자 할아버지부터 학동이까지 온 식구가 신발을 방에 들여놓고, 어머니는 문 앞에 체도 걸어 놓으셨다.

"야, 야광귀는 귀신이라도 좀 멍청한 것 같지 않냐? 신발 훔치러 와서 쳇눈이나 세고 말이야."

"근데 형, 저 촘촘한 쳇눈을 일일이 세려면 야광귀 눈이 팽팽 돌지 않을까?"

"그러니까 자꾸 다시 세다가 날이 새 버리지."

어머니는 일찍 자라며 등잔불을 끄셨지만, 학동이랑 나는 이불 속에서 한참을 시시덕거렸다.

설을 쇠고 며칠 되지 않아 말날이 돌아오자 어머니와 누나는 장을 담근다며 분주해졌다. 아버지가 장독에 금줄을 친다며 왼새끼를 꼬시는데, 그 모습을 보다 문득 궁금증이 생겼다. 하고 많은 날 중에 왜 말날일까?

왼새끼 : 왼쪽으로 꼰 새끼. 새끼는 보통 오른쪽으로 꼬지만 금줄에 쓰는 새끼는 왼쪽으로 꼰다.

쥐날도 아니고, 소날도 아니고…….

"예전부터 어른들 말씀이, 말이 좋아하는 콩으로 장을 담그니까 말날에 해야 좋다는구나. 말의 피처럼 빛깔도 진해지고 말이지."

이야기를 듣다가 "그럼 쥐불놀이는 쥐날에 하나요?" 그랬더니 아버지가 무릎을 탁 치셨다.

"우리 복동이가 보통이 아닌걸? 하나를 가르쳐 주니 나머지는 절로 아는구나, 허허."

얼떨결에 칭찬을 듣기는 했는데, 가만 생각해 보니 정말 그런 것 같다. 어른들이 일을 할 때 보면 특정한 날을 고르거나 피하는 경우가 많은데, 정초의 첫 십이지날이 특히 그렇다. 각 날마다 그 동물의 특징에 맞춰서 행동하거나 삼가는 일이 있는 것이다. 가만, 그렇다면 첫 돼지날은 배부르게 먹고 잠만 자는 날인가? 그런데 암만 생각해도 그런 날은 없는 것 같다, 헤헤.

봄기운이 일어서는 입춘 날, 아침 일찍 종이 아버지랑 순례 아버지가 입춘축을 써 달라며 할아버지를 찾아오셨다.

"어떤 걸로 써 주면 좋겠나?"

순례 아버지는 '입춘대길(立春大吉)'을 써 달라 하셨고, 종이 아버지는 할아버지께 좋은 걸로 골라서 써 달라고 하셨다. 할아버지는 잠시 생각하시더니 '壽如山 富如海(수여산 부여해)'라고 써 주셨다.

"산처럼 건강하게 오래 살고, 재산을 바다처럼 많이 모으라는 뜻이네. 부지런하고 착실한 자네한테 딱 맞는 구절이지 싶어."

그때 학동이가 무슨 잘못을 했는지 건넌방에서 아버지의 꾸지람 소리가 들려왔다.

"너, 한 번만 더 그러면 회초리 맞는다! 오늘은 회초리를 맞으면 한 대로 안 끝나. '아홉차리'라고 들어 봤지? 아홉 대는 맞아야 해."

"저 녀석이 또 무슨 사고를 쳤누?"

할아버지가 허허 웃으시며 방문을 열고 학동이에게 구원의 손길을 내미셨다.

"학동아, 이 할아비랑 천자문이나 읽을까?"

그런데 학동이는 할아버지 등 뒤에 숨는가 싶더니, 이내 신발을 꿰어 신고는 부리나케 달아났다.

"싫어요! 오늘은 책을 읽어도 아홉 번이나 읽어야 하잖아요."

아홉차리 : 입춘에는 어떤 일이든 아홉 번을 해야 복을 받는다고 생각했다.

세시풍속 백과

🌸 설날은 낯설고 조심스러운 날

설날 아침 해돋이

새해 첫날을 왜 '설날'이라고 할까? 먼저 '낯설다'라는 말에서 비롯됐다는 주장이 있다. 해가 바뀌어 아직 익숙하지 않고 낯선 날이라는 것이다. 그리고 시작된다는 뜻의 '선다'와 날이 합쳐진 '선날'이 소리내기 편하게 설날로 변했다고도 한다. 또 '삼가다' 혹은 '조심하여 가만히 있다'는 뜻의 옛말인 '섧다'가 날과 합쳐진 말이라고도 한다. 이처럼 '설날'이라는 말에는 해가 바뀌어 새로운 시간이 되었으니 말과 행동을 조심하고 삼가라는 뜻이 담겨 있다.

🌸 설날에는 왜 흰 떡국을 먹을까

설날 아침에 먹는 흰 떡국

떡국의 희고 둥근 떡은 태양 숭배 사상에서 나왔다고 한다. 둥근 모양은 태양의 모습을 따른 것이고, 흰색은 햇빛처럼 가장 밝은 빛깔을 나타낸다. 흰색이 세상 만물의 탄생과 부활을 의미하기 때문에 새해를 시작하는 날에 흰 떡국을 먹는 것이라는 해석도 있다. 또 둥근 돈 모양으로 썬 떡에는 부자가 되기를 비는 마음도 담겨 있다.

❀ 명절에 지내는 제사를 왜 차례라고 할까

설이나 추석 같은 명절에 지내는 제사를 차례라고 한다. 왜 '차'라는 글자가 들어가게 되었을까? 우리나라에서는 삼국 시대부터 차를 마셨는데, 불교와 함께 널리 퍼졌다. 부처님께 차를 올리는 것을 최고로 쳤기 때문에 조상님께도 차를 올리게 되었다. 하지만 조선 시대 들어 불교와 함께 차를 마시는 문화도 쇠퇴했고, 임진왜란 이후 거의 사라졌다. 지금은 차 대신 술을 올리지만, 이름은 그대로 남아 차례라고 하는 것이다.

설날 아침 조상님께 올리는 차례상

❀ 남의 신발을 신고 달아나는 야광귀

설날 밤이면 나타나는 야광귀(양괭이)라는 귀신이 있다. 야광귀는 집마다 돌아다니면서 사람들의 신발을 신어 보다가, 자기 발에 맞는 것이 있으면 신고가 버린다. 그 신발을 잃어버린 임자는 일 년 내내 재수가 없다고 해서 사람들은 설날 밤이면 모두 신발을 방 안에 들여놓고 일찍 잠자리에 든다. 그리고 야광귀가 들어오지 못하게 문 위에 체를 걸어 둔다. 야광귀는 체에 뚫린 구멍을 남의 눈이라고 생각해서 몇 개인지 세어 보는데, 헷갈려서 자꾸 틀리고 다시 세는 바람에 신발에 대해서는 까먹고 쳇눈만 세다가 날이 샌다고 한다.

가루를 곱게 거르는 데 쓰는 체

🏵 집안의 맛을 책임지는 장 담그기

장은 새해의 첫 말날에 담그는데, 정월에 하지 못하면 삼월 중 말날에 담근다. 지난해 만들어 둔 메주를 독에 넣고 메주가 잠길 정도로 소금물을 부어 숙성시킨다. 고추의 붉은색이 잡귀를 쫓아내고 숯이 나쁜 기운을 빨아들인다고 해서 장 담글 때 함께 넣는다. 실제로 고추는 살균 작용을 하고, 숯은 냄새와 불순물을 제거해 장맛을 좋게 해 준다. 잡귀가 먼저 맛을 보면 장을 망친다고 해서 장독에 금줄을 쳐 접근을 막았다.

장을 담근 항아리 속과 금줄

🏵 복을 불러들이는 입춘축 쓰기

입춘은 새해 들어 처음 맞는 절기이자 봄을 맞는 날이다. 입춘이 되면 건강과 복을 기원하는 글귀를 써서 벽이나 문에 붙이는데, 이것을 '입춘축' 또는 '입춘서'라고 한다.

봄이 오니 크게 길하고 기쁜 일 많이 생기라고 쓴 '입춘대길 건양다경' 입춘축

- 國泰民安 家給人足(국태민안 가급인족) : 나라가 태평하고 백성이 편안하며, 집집마다 넉넉하고 사람마다 풍요롭다.
- 父母千年壽 子孫萬代榮(부모천년수 자손만대영) : 부모님은 천수를 다하시고, 자손은 길이 영화롭다.

❀ 정초 첫 십이지일 지키기

첫 말날 장을 담그는 것처럼 새해의 첫 열두 동물 날에는 각 동물의 특성에 맞춰 어떤 일을 하거나 특별히 조심하는 풍습이 있다.

- **쥐날**: 논두렁과 밭두렁에 불을 놓아 들쥐를 쫓아내는 쥐불놀이를 한다. 잡초를 태워 없애고, 혹시 풀숲에 남아 있을 해충 알까지 없애는 것이다.
- **소날**: 특별히 소를 잘 대접한다. 여물에 콩도 섞어 주고 일도 시키지 않는다.
- **토끼날**: 실을 잣거나 옷을 지으면 장수하고, 아침 일찍 동쪽을 향해 앉아서 실을 뽑아 아이에게 채워 주면 장수한다고 믿었다.
- **용날**: 이른 새벽에 남보다 먼저 우물에 가서 물을 긷는 용알뜨기를 한다. 이 날 새벽에 용이 내려와 우물에 알을 낳는다고 해서 가장 먼저 우물물을 뜨면 용알을 뜨는 것이라고 보았다. 이 물로 밥을 지어 먹으면 그해 농사가 잘된다고 한다.
- **돼지날**: 왕겨나 콩깍지로 몸을 씻으면 살결이 희고 고와진다고 한다. 돼지의 살결이 검고 거칠어 외려 그 반대의 뜻을 가진 풍습이 생긴 것이다.

논두렁과 밭두렁을 태우는 쥐불놀이

정월 正月 대보름

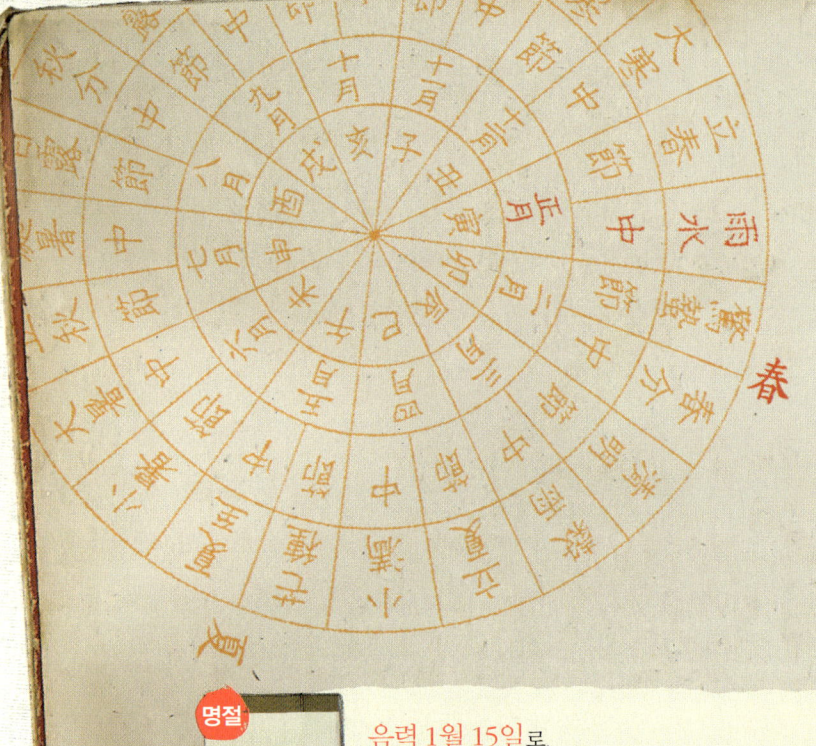

명절 대보름
음력 1월 15일로, 새해 첫 보름달을 보는 날이다. 풍년을 기원하는 다양한 놀이를 즐긴다.

절기 우수
양력 2월 18일경으로, 봄비가 내리면서 얼었던 땅이 녹는다. 물기를 머금은 땅에 봄기운이 퍼지며 만물이 깨어나기 시작한다.

설날부터 대보름까지는 일 년 중 가장 여유로운 때이다.
온갖 놀이가 이어지니 매일매일 신나는 날이다.
하지만 농사를 쉰다고 해서 노는 데만 정신을 파는 건 아니다.
흥겨운 놀이 속에는 풍년을 바라는 마음이 담겨 있고,
잘 논 다음에는 또 열심히 한 해 농사를 시작한다.

휘영청 밝은 보름달에
풍년을 기원해

"윷이야!"

왁자지껄한 소리 사이로 종이 아버지의 우렁찬 목소리가 들려왔다. 소리 나는 곳으로 가 보니 아저씨들이 '산마을' 편과 '들마을' 편으로 나누어 윷을 놀고 있었다. 설을 쇠고 나면 한동안은 윷놀이 소리에 동네가 떠들썩하다. 윷짝을 던져 모나 윷이 나오면 환호성이 터지고, 도나 개가 나오면 안타까운 한숨이 흘러나왔다.

"어, 어? 말을 거기 놓으면 어떡해?"

서로 말판을 빨리 돌아 나오려고 머리를 쥐어짜는데, 정작 윷을 노는 사람보다 옆에서 구경하는 사람들 소리가 더 크고 요란했다.

윷놀이에서 산마을이 이기면 밭농사가 잘되고 들마을이 이기면 논농사가 잘된다는데, 그럼 어느 쪽이 이기는 게 좋을까? 뭐니 뭐니 해도 쌀

농사가 중요하니 들마을 편을 들까? 아니다, 온갖 잡곡이며 채소가 나는 밭농사도 중요한데, 그럼 산마을 편이 이기는 게 더 좋을까? 둘 중에 하나만 고르는 건 정말 어려운 일이다.

덜컹!

쿵!

윷판이 벌어진 골목길 너머로 널뛰는 소리가 들리며 담장 위로 불쑥불쑥 사람 모습이 보였다. 널을 잘 뛰는 사람은 담장을 뛰어 넘을 듯 높이 솟구치기도 한다.

옆집 순례도 종이랑 널을 뛰는데, 발만 구를 뿐 제대로 차오르지를 못했다.

"힝, 언니랑은 장단이 안 맞아."

순례가 괜스레 종이를 탓하며 종알댔다.

숙영 누나도 친구랑 널을 뛰는데, 몸놀림이 아주 날래고 가벼웠다. 꽃잎에 내려앉는 나비인 양 공중으로 솟구치는 새인 양, 우리 누나지만 정말 예쁘다, 크. 그런데 가만 보니까 상수 형이 윷판에 서 있으면서도 고개는 힐금힐금 골목길 쪽으로 자꾸 돌리는 게 아닌가. 그리고 보니 누나도 풀쩍 뛰어올랐을 때 자꾸 윷판 쪽을 보는 것 같기도 하고…….

"복동아! 연 날리러 가자."

골목길 저쪽에서 달구가 연을 들고 뛰어왔다.

언덕 위로 올라가니 윙윙 바람을 가르는 연줄 소리 요란하고, 연들이 서로 마주섰다 물러섰다 하는 모습이 마치 무사들의 겨루기인 양 긴장감이 팽팽했다. 정작 내 연을 띄우는 것은 잊은 채 손에 땀을 쥐고 구경하는데, 급기야 연줄 하나가 툭 끊어졌다.

"와!"

싸움에서 이긴 사람은 환호성을 지르는데, 연이 끊어진 사람은 애먼 얼레를 내동댕이치며 화풀이다.

"에이, 사기 가루를 좀 더 먹이는 건데……."

달구나 나처럼 연을 날리기만 하는 사람은 안 그러지만, 연싸움을 즐기는 사람들은 연줄을 질기게 만들려고 갖은 애를 쓴다. 가장 흔히 쓰는 방법은 연줄에 풀을 먹이는 건데, 여기에 사기그릇이나 항아리 조각을 가루내서 섞는다. 그러면 연줄이 칼처럼 뻣뻣하고 날카로워져 상대방 연줄을 쉽게 끊을 수 있다. 하지만 그 방법을 한 사람만 쓰나, 뭐. 너도나도 연줄에 사기 가루를 먹일 텐데, 결국 연싸움에서 이기려면 가장 중요한 건 줄을 잘 걸어 당기는 기술인 거다.

얼레: 연줄이나 낚싯줄처럼 긴 줄을 감을 때 쓰는 기구.

윷놀이며 연날리기며 제기차기에 정신이 팔려 있는 사이에 달이 둥글게 차올랐다. 대보름 전날, 아버지는 볏짚으로 주머니를 만들어 벼·기장·콩·조 같은 곡식 이삭을 채우셨다. 이 주머니를 장대 끝에 매달고 목화송이도 매달아 볏가릿대를 세우는 것이다.

"어디, 얼마나 높게 세웠나 볼까."

아버지가 고개를 젖혀 장대 끝을 쳐다보셨다.

볏가릿대는 높이 세울수록 좋단다. 가을에 곡식이 그 볏가릿대처럼 잔뜩 쌓이기를 비는 것이다. 그래서 그런지 욕심 많은 황 부자는 볏가릿대도 아주 높게 세운다. 그런데 황 부자는 그렇게 부자이면서도 왜 그리 인색할까? 이번 보름에도 황 부자는 그 인색함을 여지없이 보여 주었다.

저녁을 먹자마자 달구랑 다른 친구들이랑 어울려 제웅치기를 하러 나갔다.

"이번에 황 부자네 큰손자가 나후직성이 들었다더라."

이 말에 우리는 잔뜩 기대를 하고 있었다.

그런데 막상 황 부자가 버린 제웅을 주워서 보니 사금파리만 잔뜩 들

나후직성 : 아홉 직성 가운데 흉한 직성으로, 아홉 해에 한 번씩 돌아온다.
사금파리 : 사기그릇의 깨어진 작은 조각.

어 있는 게 아닌가. 가난한 집에서 제웅 속에 돈 대신 사금파리를 넣는 일이야 흔히 있지만, 그렇게 잘사는 황 부자가 엽전 몇 푼을 아끼다니! 그것도 그 귀한 손자의 직성을 푸는 데 말이다. 정말이지 황 부자 같은 구두쇠는 없을 거다.

대보름날 아침은 귀밝이술 한 잔으로 시작됐다. 대보름날 차가운 청주 한 잔을 마시면 귀가 밝아지고 귓병도 안 생기고 좋은 소식만 듣게 된다나.

"올해는 곡식 자라는 소리, 손자들 크는 소리, 재산 불어나는 소리가 많이 들렸으면 좋겠구나."

할아버지가 귀밝이술을 따라 주셔서 학동이랑 나도 한 모금씩 맛을 보았다.

오곡밥에 갖가지 묵은 나물이 올라오니, 설날만큼은 아니지만 대보름 상차림도 꽤나 푸짐하다. 작년 봄에 뜯어 말린 취나물과 고사리에, 여름부터 가을까지 말려 둔 호박, 박, 가지, 도라지, 시래기 같은 나물이 한 상 가득이다. 대보름에는 이런 묵은 나물을 먹어야 여름에 더위를 타지 않는단다.

마음 같아서는 배부르게 실컷 먹고 싶지만 나중을 위해 참았다. 대보름에는 밥을 아홉 번 먹어야 좋다는데, 정말 아홉 끼를 먹었다간 배가 터

제웅 : 짚으로 만든 사람 모양의 인형.

져 죽을 테니 조금씩 자주 먹어야지.

대보름날 음식 가운데 가장 좋은 건 뭐니 뭐니 해도 부럼이다.

"와작!"

잣이나 호두 같은 견과를 "이야, 잘 여물어라." 하면서 깨물고, "부스럼 나지 않게 해 주세요." 하면서 입에 쏙 넣으면 고소한 맛이 여간 좋은 게 아니다.

"잣이 정말 고소해요. 부스럼도 막아 주고 이도 굳게 해 준다는데 할아버지도 드세요."

학동이가 오도독거리며 잣을 깨먹다가 할아버지 손에 몇 개를 놓아 드렸다.

"이 할아비가 부럼을 깨물었다간 이가 다 부러질 텐데? 그래도 이 할아비 챙겨 주는 건 우리 학동이밖에 없구나."

할아버지는 부럼을 깨물지는 못해도 학동이 마음 씀씀이에 기분은 좋다며 허허허 웃으셨다. 아무튼 할아버지는 학동이를 너무 예뻐하신다니까.

"학동아!"

달구가 아침부터 마당에 들어서더니 학동이를 소리쳐 불렀다. 학동이는 "응?" 하고 대답을 하다 퍼뜩 생각나는 게 있는지 얼른 입을 닫았지만 때는 이미 늦었으니, 달구는 냉큼 "내 더위 사 가라!" 외치고는 내빼 버렸다. 학동이는 입을 삐죽삐죽거리며 거의 울 것 같은 표정이 되었다.

"흥! 날도 추운데 무슨 더위를 판다고……."

학동이 말을 듣고 보니 정말, 아직 추위도 가시지 않은 정월부터 성급하게 웬 더위를 팔고 그런담. 그리고 더위를 팔면 정말 내 더위가 남한테 옮겨 가기는 하나? 그럼, 난 누구한테 더위를 팔아 볼까? 종이를 불러 볼까, 순례를 불러 볼까. 아니면 더위 팔았다고 좋아하고 있을 달구한테 다시 팔아 볼까?

이런저런 궁리를 하고 있는데 달구가 다시 찾아왔다.

"복동아!"

하고 부르기에 '흥, 나까지 속을 줄 알고?' 하면서 아무 대답도 안 했더니, 싱긋 웃으며 내 팔을 잡아끌었다.

"삼복이 아저씨 연 날리는 거 구경 가자!"

삼복이 아저씨는 연 날리는 솜씨가 정말 좋다. 연이 하늘 높이 떠 있는가 싶다가도 어느새 곤두박질치듯 내려오고, 그러다 눈 깜작할 새에 다시 방향을 바꿔 날아간다. 연을 하늘에서 뱅글뱅글 돌리는 솜씨도 여간 멋진 게 아니다.

"올해 연날리기는 이제 이걸로 끝이다."

삼복이 아저씨는 연을 하늘 높이 띄우고는 얼레의 실을 끝까지 풀어 버렸다.

"아, 아깝다."

고개를 잔뜩 쳐들고 멀리 날아가는 연을 쳐다보는데, 삼복이 아저씨가 손을 툭툭 털며 돌아섰다.

"대보름 지나서까지 연을 날리면 욕먹는 법이여. 농사 준비는 안 하고 놀기만 하면 쓰겠냐?"

하늘에는 아저씨 연 말고도 몇 개가 더 떠 있는데, '액(厄)' 자가 써진 연도 있고 '송액영복(送厄迎福)'이라고 써진 연도 있었다. 연을 날려 버리면서 액운도 함께 실어 보내는 것이다.

해질 무렵, 동네 아이들이 달맞이 가자며 찾아왔다. 그런데 학동이는 저 부르는 소리를 듣고도 멀뚱멀뚱 대답이 없다. 왜 그러냐니까 자기한테 또 더위를 팔까 봐 그런다나.

〈달맞이〉_작가 모름

"남보다 먼저 달을 보면 재수가 좋단다."

그 말에 우리는 서로 먼저 달을 보려고 앞다퉈 언덕 위로 달려갔다. 달은 저 높이 떠 있고 수많은 사람이 올려다보는데, 과연 누가 가장 먼저 본 걸까?

언덕 위에는 동네 사람들이 달집을 중심으로 빙 둘러 서 있었다. 두둥실 보름달이 떠오르는 순간 달집에 불을 붙이면서 누가 먼저랄 것도 없이 "보름달일세!" "보름달이야!" 외치는 소리가 터져 나왔다.

투닥 투다닥 탕.

달집 타는 소리가 요란도 하다. 보름달을 바라보며 너도나도 두 손 모아 소원을 빌었다.

학동이가 제법 진지한 얼굴이기에 무슨 소원을 빌었냐고 물었더니 천자문을 얼른 떼게 해 달라고 빌었단다. 학동이가 공부 잘하게 해 달라고 빌다니 별일도 다 있지, 원.

"왜, 맛있는 것 많이 생기게 해 달라고 빈 게 아니고?"

농담으로 한마디 했더니, 학동이가 배시시 웃었다.

"그 소원도 빌었지. 올해도 풍년 들어서 쌀밥 많이 먹게 해 달라고."

"우리 학동이까지 빌었으니 올해는 정말 풍년이 들겠구먼."

순례 아버지가 기특하다는 듯 학동이 머리를 쓰다듬어 주셨다.

"이번 장날에는 대장간에 들러 낫 좀 벼려야겠어."

달집 : 대보름날 저녁에 불을 붙이려고 짚과 생솔가지 따위로 쌓아 놓은 무더기.

"나도 괭이 하나 장만해야 하는데 함께 가세나."

"그러고 보니 보리밭도 한번 살펴봐야겠구먼."

타닥타닥 타 들어가는 달집 앞에서 어른들은 어느새 농사 걱정을 하고 계셨다.

세시풍속 백과

❀ 보름달에는 어떤 의미가 있을까

　정월 대보름은 새해 들어 첫 보름달이 뜨는 날이다. 달은 기울었다가도 끊임없이 새로 차오르는 특성 때문에 불멸의 존재로 여겨졌고, 밤을 밝히는 달빛은 광명을 상징한다. 무엇보다 꽉 찬 보름달은 넉넉한 그 모습이 풍요로움을 물씬 풍겨서, 농사에 풍년을 가져다준다고 생각되었다. 정월 대보름은 마침 농사 준비를 시작하는 때이기도 해서 이런 보름달의 특징에 기대어 풍년을 기원하는 명절이 되었다.

❀ 풍년을 기원하며 노는 정월 대보름

마을 사람들이 함께하는 줄다리기

　둥근 보름달을 보며 소원을 빌고 풍년을 기원하는 달맞이는 대표적인 대보름 놀이이다. 새끼로 굵은 줄을 꼬아 마을과 마을이 편을 나누어 겨루는 줄다리기도 풍년을 기원하는 놀이이다. 대보름에는 마을 사람들이 십시일반 곡식과 돈을 모아 당제를 지내는 곳이 많다. 마을 수호신에게 마을의 안녕과 풍요를 비는 것이다. 또 대보름 새벽에 가장 먼저 우물물을 뜨면 그해에 운수 대통한다는 용알뜨기, 부잣집의 흙을 몰래 훔쳐다 자기 집 부뚜막에 바르면 복이 온다는 복토 훔치기 등은 개인의 건강과 복을 비는 풍습이다.

🌸 아홉 번 먹는 대보름 음식

대보름날 아침에는 찬 청주 한 잔을 귀밝이술로 마시고, 부스럼 나지 말라며 부럼도 깨문다. 밥을 김이나 취나물, 배춧잎에 싸서 먹는데, 이를 복쌈이라고 한다. 찐 찹쌀밥에 밤·대추·꿀·기름·간장 따위를 함께 섞어 찐 약밥을 해 먹고, 오곡밥·잡곡밥·찰밥을 대신 먹기도 한다. 오곡은 흔히 쌀·보리·조·콩·기장을 말하지만, 시대나 지역에 따라 조금씩 다르다. 대보름날에는 밥을 아홉 번 먹어야 좋고, 세 집 이상 다른 집의 밥을 먹어야 그해 운이 좋다고 한다.

정월 대보름날 상차림

🌸 직성을 풀어 주는 제웅치기

사람에게는 직성이라고 해서 운명을 맡아 보는 별이 9개 있고, 이 별들이 한 해씩 돌아가며 사람의 운명을 좌우한다고 한다. 그중 나후직성이 든 해에는 운수가 나쁘기 때문에 대보름 전날 액막이를 해 준다. 제웅(짚으로 만든 인형)에 그 사람의 옷을 입히고 이름과 생년월일을 적어 길가에 버리는 것이다. 제웅의 머리 안에 엽전을 넣어서 버리면 아이들이 엽전을 꺼내 가진 뒤 제웅을 땅에 두드리며 논다.

짚으로 만든 제웅

이월 二月

절기
경칩
양력 3월 5일경으로, 날이 풀리면서 겨울잠을 자던 동물들이 깨어나 돌아다니기 시작한다.

절기
춘분
양력 3월 21일경으로, 밤과 낮의 길이가 같아진다. 겨울 기운이 완전히 가시고 날이 따뜻해 일하기 좋은 때이기도 하다.

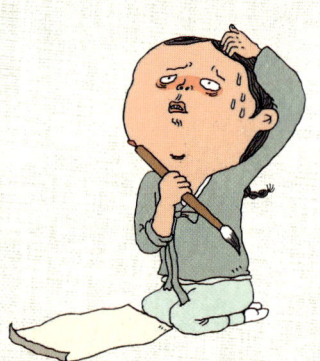

이월이면 완연히 봄으로 접어든다.
바람 끝이 따스해지면서 버드나무 가지에 물이 오르고
들판에는 아롱아롱 아지랑이 사이로 쟁기질이 시작된다.
예로부터 이월에는 세상 모든 사람이 농사를 시작했다고 한다.
이월 첫날을 머슴날이니 중화절이니 하는 것은
다 농사가 시작된다는 뜻을 담고 있는 말들이다.

아지랑이 피는 들판에
쟁기질 소리 요란해

　이월 초하루가 되자, 아버지는 대보름날 집 앞에 세웠던 볏가릿대를 내리셨다. 이월 초하루는 머슴날이라고 해서 볏가릿대에 매달았던 곡식으로 송편을 만들어 머슴에게 먹인다는데, 그건 김 부자처럼 머슴을 여럿 둔 사람들 얘기 아닌가.

　농사를 많이 짓고 일꾼도 많은 김 부자는 제법 크게 상을 차렸다. 인심 좋은 김 부자가 송편도 넉넉하게 만들고, 다른 음식도 푸짐하게 내놓은 것이다.

　김 부자네 마당을 기웃거리고 있는데, 음식 차리는 일을 돕던 삼돌 어머니가 나랑 학동이에게 송편을 내밀었다. 그런데 학동이가 고개를 절레절레 흔드는 것 아닌가.

　"아니, 학동이가 먹는 걸 다 싫다네?"

삼돌 어머니 말씀에 학동이가 시무룩하게 대답했다.

"왜 내가 노비송편을 먹어요?"

말은 그렇게 해도 눈은 이미 송편에 꽂혀 있는 걸 보니 먹고 싶기는 한가 보다. 삼돌 어머니는 깔깔 웃으시더니 학동이 손에 송편을 쥐어 주셨다.

"이게 꼭 노비만 먹으라는 뜻이겠냐? 작년에 애써 농사지은 덕에 이렇게 배불리 먹을 수 있으니까, 올해도 열심히 농사를 지어 보자, 그런 거지. 괜찮으니까 어여 먹어."

삼돌 어머니 말씀에 송편을 한 입 베어 맛있게 먹던 학동이가 손을 쑥 내밀었다.

"여섯 개 더 줘요."

삼돌 어머니가 '뭔 소리냐?' 하는 표정으로 바라보셨다.

"노비송편은 나이 수대로 먹는다던데요? 그럼 나도 여섯 개 더 먹어야 하잖아요."

"학동이가 이제부터 이 집 농사 다 지으려나 보지? 하하."

삼돌 어머니가 깔깔 웃으며 학동이에게 송편 하나를 더 주셨다.

집에 돌아갔더니 대청소를 한다고 문이란 문은 죄 열어 젖혔고, 마당에서는 할아버지 손에 들린 빗자루를 따라 먼지가 뽀얗게 피어오르고 있었다.

"일 좀 돕지 않고 어딜 갔다 오냐?"

누나가 방에서 걸레질을 마치고 나오다 학동이랑 내가 들어오는 것을 보더니 타박을 했다.

"아, 맞아! 오늘 대청소한다고 그랬지."

까먹은 척 능청을 떨었더니, 누나가 "하여간." 하면서 알밤을 콩 먹였다.

"와! 봄바람은 정말 힘이 센가 봐. 이 문을 다 열어 젖혔네!"

봄 햇살만큼이나 밝은 학동이 목소리에 마루를 닦던 누나가 빙그레 웃었다.

"묵은 먼지를 털어 내니 속이 다 시원하네."

누나가 걸레질을 마치고 나오면서 치마를 툭툭 털며 기분 좋게 말했다.

마당이며 헛간을 쓸어서 나온 검불이 제법 많았다. 아버지는 이것들을 다른 쓰레기랑 함께 태워 재거름에 보탠다며 마당 한 켠에 치워 두셨다.

어머니가 아궁이를 긁어내고 나온 재도 거름에 보탠다며 헛간에 따로 쌓아 두셨다.

"우리 복동이도 제법 손끝이 야무네. 이제 제몫을 척척 해내는걸."

할아버지 칭찬에 어깨가 으쓱해졌다.

"봤지? 나도 이젠 어엿이 한 사람 몫을 한단 말씀!"

학동이를 쳐다보며 으스대는데, 어이쿠, 할아버지의 다음 말씀 때문에

체면을 구기고 말았다.

"이번에 노래기 물리치는 부적을 복동이가 한번 써 보아라."

학동이가 날름 할아버지 방으로 가더니 벼루랑 먹을 들고 나왔다.

"형, 먹은 내가 갈아 줄게."

학동이는 신 나게 먹을 가는데, 문제는 뭐라고 써야 하는지 생각이 안 난다는 거였다.

아, 뭐였더라? 아리송한 얼굴로 멀뚱멀뚱 천장만 보고 있으니까 마당에서 검불을 태우던 아버지가 혀를 끌끌 차셨다.

"얼마 전에 가르쳐 줬잖냐. 향랑각시……."

아, 생각났다! 속거천리!

"향랑각시속거천리(香娘閣氏速去千里)! 향랑각시는 천 리 밖으로 멀리 가 버려라. 그거요?"

다행히 생각나서 얼른 적어 내려갔다. 멋진 필체로 적고 있는데 옆에서 학동이가 고개를 갸웃거렸다.

"이 글자가 향랑각시야? 그런데 향랑각시가 누구야?"

"노래기지, 누구긴 누구냐?"

"에이, 구려. 노래기는 냄새가 지독하잖아. 근데 왜 향랑각시야?"

학동이는 생각만 해도 구리다는 듯이 손으로 코를 틀어쥐었다.

"기왕이면 고은 이름으로 불러 주는 거지. 이름이라도 향기로운 각시

노래기: 원통 모양에 길이 3~28밀리미터인 절지동물. 낙엽 밑이나 초가지붕처럼 축축한 곳을 좋아하며, 건드리면 몸을 도르르 말아 고약한 냄새를 풍긴다.

라고 불러 주면 냄새가 좀 덜 날지 아냐?"

　내 딴에는 제법 설명을 잘 해 준 것 같은데, 학동이는 여전히 얼굴을 찌푸린 채 투덜거렸다.

　"그래도 노래기는 싫어."

　노래기는 축축한 곳을 좋아해서 초가지붕 속에 많이 산다. 노래기야 제 살 길을 찾아든 것이지만 그 냄새 때문에 우리는 괴롭다. 그렇다고 지붕의 짚을 다 걷어낼 수도 없고, 이렇게 노래기를 피하는 글이라도 써 붙이는 수밖에.

　노래기가 눈에 띄기 시작하는 것은 보통 2월 초부터, 그러니까 경칩 무렵이다. 경칩은 겨우내 땅속에 웅크리고 있던 벌레들이 꿈틀거린다는 날인데, 정말 그 말대로다.

　봄맞이한다고 대청소까지 했는데 날이 다시 추워져 며칠 동안 **꽃샘추위**에 떨었다.

　"계절이 거꾸로 가나 봐요. 이러다 다시 겨울이 되면 어떡해요?"

　학동이가 추위에 두 귀를 감싸 쥔 채 자못 심각한 얼굴로 걱정을 했다.

　"허허, 그럴 리야 있겠느냐. 자연의 흐름을 거스를 수는 없는 법. 동장군이 그냥 물러나기가 아쉬웠던 게지."

　할아버지 말씀대로 자연의 흐름은 어쩔 수 없는 듯, 곧 다시 날이 풀리고 산과 들에도 푸른빛이 돌기 시작했다.

날이 따뜻해지자 들로 산으로 나물 캐러 다니는 사람들이 많아졌다.

"숙영이도 봄기운에 취한 모양이네."

틈만 나면 나물 캐러 간다며 소쿠리를 챙겨 들고 나가는 누나를 보면서 어머니가 혼잣말을 하셨다.

누나 덕분에 밥상이 달래김치에 냉잇국, 쑥국으로 봄 잔치를 벌였다. 향긋한 봄기운이 입안에 싸악 퍼지면서 온몸으로 번져 간다. 겨우내 김장만 먹다가 싱싱한 풀을 먹으니 기운이 번쩍 나는 것 같다.

하루는 누나가 나물 캐러 간다고 나갔는데, 소쿠리가 텅 빈 채 돌아왔다.

"숙영이는 나물 뜯으러 간다더니 봄바람만 쐬고 왔나 보지?"

어머니가 놀리듯 말씀하시는데도 별 반응이 없고 시무룩한 얼굴이었다.

"그게 아니고요, 오는 길에 달구네 들렀는데 아주머니가 아프시길래 그 나물이라도 드시라고 두고 왔어요."

달구네는 형편이 몹시 어렵다. 본디 가진 재산이 많았던 건 아니지만 그렇다고 아주 어렵지도 않았는데, 달구 아버지가 일을 제대로 하지 않아서

그렇게 됐다고 한다. 농사일도 건들건들 게으르게 하는데다 노름까지 손을 대 그나마 있는 살림을 거덜 냈다고 마을 사람들은 달구 아버지를 보면 혀를 끌끌 찼다. 달구 어머니가 궂은일을 마다하지 않고 애를 써서 그나마 입에 풀칠이라도 하는 거라며 안쓰러워했다. 그러니 요즘 같은 봄이면 달구네는 그야말로 보릿고개를 넘느라 고생이 막심하다.

보릿고개를 넘기 어려운 때에는 나물이 요긴한 식량이 되기도 한다. 나물이 있으면 곡식 가루를 조금만 섞어도 죽이나 떡을 만들어서 허기를 달랠 수 있으니까. 우리도 가끔 나물죽을 먹긴 하지만, 늘 그것만 먹고 사는 달구는 참 안됐다.

"아주머니가 나물마저 못 하시니까 달구가 쫄쫄 굶고 있더라고요."

누나는 내내 안쓰러운 표정을 풀지 못했다.

"달구 아버지가 얼른 정신을 차려야 할 텐데, 걱정이구나."

어머니도 안타까운 얼굴로 한숨을 내쉬었다.

날이 따뜻해지면서 들에는 아롱아롱 아지랑이가 피어오르고, 예서제서 봄갈이를 하느라 "이랴!" "워어!" 소를 모는 소리가 활기차다. 아버지랑 할아버지도 번갈아 가며 쟁기를 챙겨 소를 몰고 나가셨다.

할아버지는 늘 "하루라도 밭 갈지 않으면 일 년 내내 배부르지 못하느니라." 하셨다는 옛 어른들 말씀을 강조하신다.

보릿고개 : 전해 가을에 거둔 곡식은 떨어지고 보리는 아직 여물지 않아서 식량 사정이 매우 어려운 때를, 넘기 힘든 고개에 빗댄 말.

우리 논 바로 옆은 상수 형네 논인데, 상수 형이 이제 막 쟁기질을 배우느라 땀을 빼고 있었다.

"와, 형은 벌써 쟁기질을 배우네!"

놀라서 바라보는데, 상수 형은 아직 힘을 조절할 줄 몰라서 그저 쟁기 꼭지만 꼭 잡고 있는 힘껏 누르고만 있다.

어른들 말씀으로는 젊은이가 장가들 만한 자격이 됐는가를 볼 때 쟁기 부리는 솜씨를 본다고 한다. 어른이 됐음을 판단하는 기준이 여럿이지만 농기구를 다루는 솜씨도 그 가운데 하나이고, 특히 쟁기 부리는 솜씨를 크게 치는 것이다. 머슴을 부릴 때에도 쟁기질을 얼마나 잘하느냐에 따라 대접이 달라진다나.

상수 형은 한참을 끙끙대다 주저앉더니 고개를 돌려 할아버지가 쟁기질하시는 모습을 멍하니 쳐다보았다. 힘은 분명 자기가 더 좋을 텐데도 나이 드신 할아버지가 여유 있게 쟁기질하시는 모습이 신기하다는 표정이었다.

"힘만 세다고 되는 게 아니야. 힘 조절을 해야지. 모름지기 모든 일은 강약을 조절할 줄 알아야지."

할아버지가 상수 형을 보고 한마디 하셨다.

"제가 아무리 젊다지만, 수십 년간 쟁기를 잡으신 할아버지만큼 하겠습니까?"

상수 형은 땀을 뻘뻘 흘리면서도 사람 좋은 웃음을 흘리며 허허 웃었다. 하긴, 상수 형은 언제 어디서건 우리 식구들을 만나면 늘 허허거린다. 그게 다 누나 때문이지, 뭐.

세시풍속 백과

❁ 농사의 시작을 알리는 머슴날

볏가릿대

이월 첫날은 한 해의 농사 시작을 알리는 날이다. 이날은 '노비일' 또는 '머슴날'이라고 해서 힘든 농사일을 할 일꾼들에게 음식을 대접하며 하루 잘 놀게 해 주었다. 대보름날 세운 볏가릿대에 매달았던 곡식으로 송편을 빚어 나이 수대로 주는데, 이것을 '노비송편'이라 한다. 이월 초하루는 본격적으로 농사가 시작되는 명절이라고 해서 '중화절'이라고 부르기도 한다.

❁ 봄을 시샘하는 꽃샘추위와 영등신

봄이라고는 해도 이월이면 아직 추위가 완전히 가시지 않아 추운 날이 많다. "이월 바람에 김칫독 깨진다."는 말이 있을 정도이다. 겨울처럼 매서운 추위도 한 번씩 찾아오는데, 봄꽃이 피는 것을 시샘하는 것 같다고 해서 꽃샘추위라고 한다. "꽃샘

제주도 영등굿

에 설늙은이 얼어 죽는다."는 말이 있을 만큼 매섭다. 이월에는 바람도 많이 분다. 제주도와 영남 지방에서는 바람신인 영등신이 다녀가는 거라고 생각해 이때 바다에 나가지 않고, 바람이 잔잔해지도록 영등신을 대접하는 굿을 했다.

❀ 땅의 기운을 살려 주는 봄갈이

본격적인 농사는 봄갈이로 시작된다. 일정한 깊이로 땅을 파 뒤집어 주는 것인데, 지난해 농사를 지어 영양분이 떨어진 흙과 아래쪽의 흙을 바꿔 주는 것이다. 땅에 남아 있던 벼 밑동은 흙속에 묻혀 거름이 되는 효과가 있고, 겨우내 얼어붙었던 땅을 부드럽게 만들어 준다. 모내기 좋게 하려면 논을 적어도 두세 번 갈아줘야 한다.

쟁기로 논을 갈고 있는 모습

❀ 언제부터 소를 농사에 이용했을까

땅을 갈 때는 쟁기를 이용한다. 나무로 술, 성에, 한마루를 만들어 삼각으로 맞추고 술 끝에 쇠붙이로 된 보습을 끼운다. 쟁기는 줄로 연결해 소가 끄는데, 땅이 거친 곳에서는 두 마리가 함께 끌기도 한다. 소를 이용해 쟁기를 끌면 사람의 힘을 덜어 주고, 무엇보다 땅을 깊이 갈 수 있어 지력을 높이는 데 효과적이다. 502년 신라 지증왕이 전국에 우경을 실시하라고 명령했다는 것을 보면, 그전에 이미 농사에 소를 이용하기 시작했음을 알 수 있다.

소머리를 하고 있는 고구려 고분벽화 속의 농사 신

삼三月월

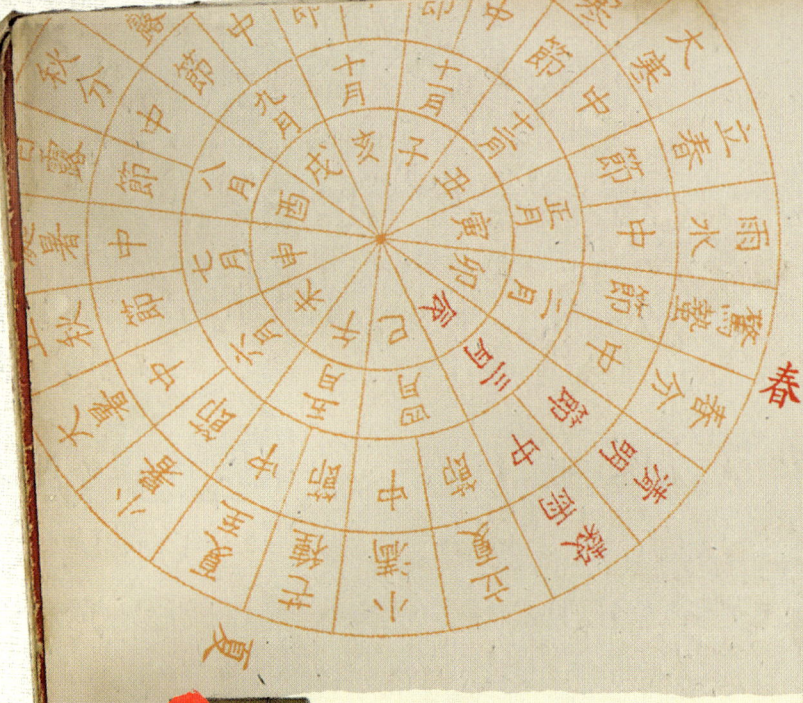

명절 삼짇날
음력 3월 3일로,
강남 갔던 제비가 돌아온다는 날이다.
나비도 팔랑거리며 봄기운을 가득 뿌리고 다닌다.

절기 청명
양력 4월 5일경으로,
봄갈이와 함께 본격적으로 농사가 시작된다.

명절 한식
양력 4월 5일이나 6일쯤으로,
불을 때지 않고 찬 음식을 먹는 날이다.
조상의 산소를 찾아가 돌보고 제사를 지낸다.

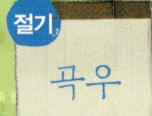

절기 곡우
양력 4월 20일경으로,
농사를 시작하는 데 꼭 필요한 봄비가
내리는 때이다.

봄기운이 무르익으며 산과 들의 색이 바뀐다.
예서제서 고운 살구꽃 꽃망울 터지고, 뒷산에는 진달래가 흐드러진다.
피어나는 꽃을 찾아 팔랑팔랑 벌 나비가 날아드니
사람들 마음도 덩달아 들뜨며 흥에 겹다.
신라와 가야에서는 새 임금 모시는 일을 삼월 초에 했다던데
역시 새로운 일을 시작하는 데에는 봄이 제격이다.

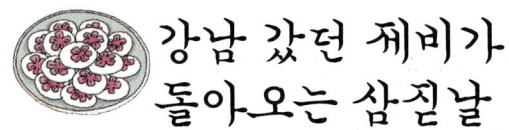

강남 갔던 제비가 돌아오는 삼짇날

햇살이 조금씩 따사로워지고 살랑살랑 바람도 가벼워지더니, 바야흐로 삼짇날이 돌아왔다.

삼짇날은 봄철 최대의 명절! 강남 갔던 제비가 돌아온다는 날이다. 어디 제비뿐인가. 꽃이 피기 시작하니 나비들도 하나 둘 보이기 시작한다. 팔랑팔랑 나비 날갯짓에 내 몸도 가뿐해지는 듯 기분이 좋은데, 옆집 순례는 울상을 짓고 있다. 올해 처음 본 나비가 흰나비라나.

"삼짇날 흰나비를 보면 상복을 입는다고 그랬는데, 힝."

"순례야, 그러지 말고 우리랑 화전놀이 가자."

아침부터 꽃놀이 간다고 채비를 하던 누나가 달랬더니 순례는 그제야 얼굴을 폈다.

아, 좋겠다. 누구는 꽃놀이도 가고. 겨우내 쉬던 서당이 삼짇날부터 문을 열기 때문에 나는 꽃놀이를 따라가지 못했다.

"이제 중양절까지는 꼼짝없이 서당에 다녀야 한다니."

아침부터 엄살을 부리며 서당에 가는데, 학동이는 어찌나 안 가겠다고 버티는지 할 수 없이 내년부터 다니기로 했다.

"전 할아버지한테 천자문도 배웠으니까, 내년에 가도 되잖아요."

학동이 핑계에 웃음이 실실 나왔다. 가마솥에 누룽지를 찾는 수준이면서 천자문을 배웠단다. 배웠다고 다 아나? 그렇다면 나는 학자가 되었겠다, 원.

집을 나서며 보니 누나는 번철과 기름에 쌀가루까지, 머리 위에 큼직한 보따리를 이고 있다. 곱게 차려입고 푸르름이 도는 산길로 접어드는 누나를 보니 마치 봄꽃을 찾아드는 나비 같다.

"허허, 우리 손녀 참 예쁘기도 하다."

할아버지가 누나를 바라보며 흐뭇하게 웃으시자, 아버지도 고개를 끄덕거리셨다.

"애들 어멈도 그렇고 숙영이도 그렇고 화전놀이 간다고 잔뜩 들떴더라고요. 삼짇날은 역시 아녀자들 명절이 맞나 봅니다."

"그렇지? 하지만 겨우내 움츠렸던 몸과 마음을 펴는 데 남녀노소가 따로 있을까? 그러니 나라에서도 관리들한테 휴가를 주는 거지."

"아버님도 동네 어르신들과 뒷산에라도 한번 오르시지요? 안 그래도

중양절 : 음력 9월 9일을 이르는 세시 명절.
번철 : 솥뚜껑처럼 생긴 무쇠 그릇으로 전을 부치거나 고기 따위를 볶을 때 쓴다.

애들 어멈이 술이랑 안주를 준비해 놓고 갔습니다."

"그래? 허허, 그럼 오씨 영감한테 한번 얘기해 볼까?"

봄기운에 젖는 건 정말 남녀노소가 따로 없는지 할아버지도 어딘가 들뜬 모습으로 나들이 준비를 하셨다. 아, 이런 봄날 서당에 가서 공자 왈 맹자 왈이라니 내가 제일 불쌍하구나.

서당 가는 길에 보니 언제 다 피었는지 산기슭은 진달래꽃으로 화사하게 물들었고, 발밑에는 푸릇푸릇 새싹들이 밟힌다. 가만, 이러면 나도 답청을 한 셈인가.

서당에서 돌아오니 어머니와 누나가 일찌감치 집에 돌아와 있었다. 꽃놀이도 좋지만 내일이 한식이라 성묘 준비를 하기 위해서였다.

삼짇날은 3월 3일로 해마다 같은 날이지만, 한식은 동지부터 105일째 되는 날이니 해마다 날짜가 바뀐다. 그런데 올해는 하필 한식이 삼짇날 바로 뒷날인 것이다. 누나는 꽃놀이를 일찍 마친 게 아쉬운 눈치인데, 그런 누나 마음을 아는지 모르는지 학동이는 나를 보자마자 자랑을 늘어놓았다.

"돌 위에 솥뚜껑 엎어 놓고 화전을 잔뜩 부쳐 먹었다."

"솥뚜껑이 아니라 번철이라니까."

누나가 괜스레 학동이를 타박했다.

학동이는 "똑같이 생겼던데……." 하고 중얼거리더니 내 앞에 배를 쑥 내밀며 시를 읊듯 한마디 했다.

"덕분에 뱃속에 봄빛이 가득 들어갔어."

한식날 할아버지와 아버지를 따라 일찌감치 성묫길에 나섰다. 아버지는 술·과일·포·식혜·떡을 준비한 보따리와 함께 무덤을 손질할 낫도 잊지 않고 챙기셨다.

무덤의 풀도 베고 주변에 흐트러져 있는 검불도 걷어내니 무덤이 말끔하게 정돈됐다.

준비해 간 음식을 묘 앞에 차리고 향불을 사르는데, 학동이가 이상하다는 듯 한마디 했다.

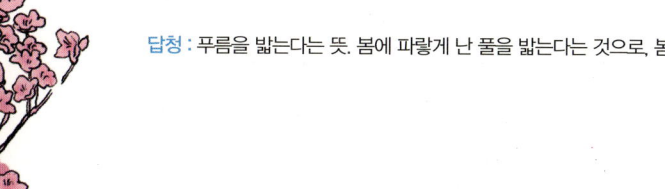

답청: 푸름을 밟는다는 뜻. 봄에 파랗게 난 풀을 밟는다는 것으로, 봄놀이를 말한다.

세시풍속 열두마당

"한식에는 불을 피우면 안 된다면서요? 할아버지가 어제 개자추 이야기 해 주셨잖아요. 그런데 향불은 피워도 돼요?"

그러고 보니 이상하네. 불을 안 때고 찬밥을 먹는다고 해서 이름도 한식인데, 말 그대로 한식에 불을 금한다면 조상님들께 차례를 지낼 때 향불은 어떡하지?

할아버지는 한식날 불을 때지 않는 것은 이맘때 바람이 심하니까 불조심하라는 뜻으로 생긴 풍습 같다고 하셨다.

"봄철에 워낙 바람이 부는데다 한식 · 청명 때만 되면 더 심해지니 말이다."

그러면서 할아버지는 하늘을 올려다보셨다.

"한식날 비가 오면 풍년이 든다는데……."

하지만 하늘에는 비가 올 조짐이 전혀 보이지 않았고, 황사 섞인 메마른 바람만 불어왔다.

"올봄은 유난히 가문 것 같네요. 이런 날씨에는 불조심 하는 것도 중요하지만, 자칫 모내기 때를 놓칠까 그게 더 걱정입니다."

아버지의 걱정스러운 목소리에 할아버지도 근심어린 표정을 지으셨다.

"조상님들이 보살펴 주시기를 빌 수밖에. 자, 이제 절을 올리자꾸나."

할아버지는 조상님 묘에 정성스럽게 머리를 조아리셨다.

"이제 봄갈이를 시작합니다. 그저 올해도 풍년 들도록 조상님들이 잘 돌봐 주십시오."

한식 · 청명을 지나고 나니 봄기운이 더욱 살아나고 버드나무에 물이 오른다. 할아버지는 봄철 구경거리로 치자면 꽃보다 버들이 더 곱다 하셨는데, 막 물이 오르는 모습을 보니 그 말도 맞는 것 같다.

버들에 물이 오르니 친구들은 호드기를 만들어 불기 시작했다. 서당

호드기: 물오른 버들가지 껍질이나 밀짚 토막으로 만든 피리.

에 오가며 '닐리리리 삘릴리' 잘도 부는데, 이상하게 나는 가락을 잘 못 맞춘다.

  길가에서는 순례가 친구들이랑 풀각시놀이에 정신이 팔려 있다. 수숫대 속심에 보릿잎을 붙이고는 각시 인형이라며 머리도 땋고 옷도 만들어 입혔다. 학동이랑 마주 앉아서 도토리 껍질을 솥이라며 엎어 놓고는 소꿉놀이를 하는데, 제법 그럴싸하다.

  아버지는 요즘 가래질을 하느라 새벽부터 들에 나가신다. 겨우내 얼었다 녹았다 하면서 약해진 논둑을 다져 줘야 논에 물을 대고 모내기를 할 수 있으니까. 아버지는 가래질을 종이 아버지랑 상수 형이랑 함께하시는

데, 세 사람이 장단이 잘 맞는다고 좋아하신다.

누나랑 함께 아버지께 들밥을 갖다 드리러 갔다. 음식이 제법 많아 보였는데, 가래질은 힘이 많이 들기 때문에 어머니가 특별히 푸짐하게 준비하셨단다.

논에 가 보니 아버지랑 상수 형이 가랫줄을 잡고 종이 아버지는 가래를 잡고 있었다. 보기에는 가래가 줄에 매달려 설렁설렁 움직이는 것 같은데, 실제로는 여간 힘든 게 아니라고 한다. 특히 가래를 잡는 일이 제일 힘들다는데, 종이 아버지는 힘이 좋아서 가래장부를 도맡아 하신다.

"어이쿠."

누나랑 함께 소쿠리에 담아 온 밥을 꺼내고 있는데, 난데없이 종이 아버지의 비명이 들렸다. 웬일인가 돌아보니 상수 형이 잡고 있던 줄을 놓친 거였다. 풋, 보나마나 누나한테 정신 팔려 실수를 했을 거다.

"죄, 죄, 죄송합니다."

상수 형이 말까지 더듬으며 머리를 조아렸다.

"일하다 보면 그럴 수도 있지, 뭘."

어른들은 괜찮다고 하시는데도 상수 형은 얼굴까지 벌게지며 어쩔 줄 몰라 했다. 누나 앞에서 실수를 했으니 얼마나 무안할까, 크크.

진작에 가래질을 마친 논에서는 쟁기질을 한 번 더 한다 못자리를 만

가래장부 : 가래질할 때 가랫자루를 쥐는 사람.

　든다 하면서 분주한 모습들이었다. 우리도 곧 못자리를 만들어야 한다며 할아버지는 하루 종일 볍씨 자루를 정리하셨다.

　어머니랑 누나는 채소를 심느라 며칠 동안 밭에서 살다시피 했다. 늘 심던 무·배추·고추·파·마늘은 물론이고, 올해는 참외랑 수박을 좀 더 심는다고 하셨다.

채소를 밭에만 심는 건 아니다. 호박이랑 박은 덩굴 감을 곳만 있으면 되니까 굳이 밭을 따로 쓰지 않고 울밑에 심었다.

어머니랑 누나는 채소 파종이 끝나기가 무섭게 누에 칠 때가 되었다며 서둘러 잠실을 청소했다.

"이제 비가 좀 내려 줘야 모내기를 제대로 할 텐데……."

할아버지는 곡우가 되도록 비 한 방울 내리지 않는 마른하늘을 걱정스럽게 올려다보셨다. 봄이면 으레 날이 가물긴 하지만 그래도 곡우 무렵이면 한 번씩 해갈이 되곤 했는데, 올해는 유난히 가물어 좀처럼 비가 올 것 같지 않았다.

"곡우가 되도록 비가 안 오면 그런 낭패가 없는데……. 농사에 그 비가 얼마나 소중했으면 '곡식의 비'라고 했을꼬."

날씨 때문에 걱정인 건 모두가 같은 심정이라 만나기만 하면 하늘을 올려다보며 걱정들을 하셨는데, 다행히 곡우가 지나고 며칠 뒤 비가 내렸다.

후드득후드득 떨어지는 비에 메마른 땅은 먼지가 가라앉고 촉촉해지는데, 사람들은 들뜨면서 활기가 돌기 시작했다.

"그래도 잊지 않고 때맞춰 비를 내려 주시니, 고맙고 고맙습니다."

어머니는 마냥 기쁜 얼굴로 하늘을 향해 고맙다고 연신 절을 하셨다.

잠실 : 누에를 치는 방.

세시풍속 백과

❀ 봄꽃에 취해 보는 화전놀이

음력 3월 3일 삼짇날은 봄을 만끽하는 명절이다. 예로부터 3은 길한 수로 생각되었는데, 그 3이 겹쳐 더욱 길하다고 생각된 날이다. 삼짇날이면 부녀자들은 화전을 부쳐 먹으며 마음껏 봄을 즐겼다. 화전은 찹쌀가루를 반죽해 진달래나 국화 같은 꽃잎을 붙여서 기름에 지진 떡이다.

고구려에서는 삼짇날에 왕을 비롯한 백성들이 모여 사냥 대회를 열고, 이날 잡은 짐승으로 산천에 제사 지냈다고 한다.

진달래꽃으로 만든 화전

❀ 한식의 유래가 된 개자추 이야기

한식에 불을 때지 않는 풍습은 중국의 개자추 이야기에서 비롯됐다는 말이 있다. 개자추는 춘추 시대에 진나라 문공을 모시던 사람이다. 문공은 왕위에 오르기 전에 이곳저곳 떠돌아다니며 고생을 했다. 개자추는 온갖 고생을 하며 문공을 모셨으나, 문공이 왕이 된 후 자신을 멀리하자 산에 들어가 살았다. 훗날 문공이 잘못을 뉘우치고 개자추를 불렀지만 나오지 않았다. 그래서 개자추를 나오게 하려고 산에 불을 질렀으나 개자추는 그대로 불타 죽었고, 문공은 크게 슬퍼하며 개자추가 죽은 날에는 불을 때지 못하게 했다고 한다.

❁ 조상의 묘를 돌보는 한식

한식날 꼭 하는 일이 조상의 묘를 찾아가 제사 지내는 일이다. 이것을 '묘제'라고 하는데, 지금은 흔히 '성묘'라는 말을 쓴다. 제사에는 여러 종류가 있는데, 우선 조상이 돌아가신 날 지내는 기제가 있다. 기제는 4대조까지, 그러니까 고조부모까지 지낸다. 명절에 지내는 제사는 '차례'라고 하고 다른 제사와 달리 떡국, 송편 같은 시절 음식을 올린다. 여기에 더해 설날·한식·단오·추석 같은 명절에는 직접 묘를 찾아 제사를 모셨는데, 특히 농사를 시작하는 한식과 마무리하는 추석에 묘제를 빼놓지 않았다.

조상의 묘를 돌보는 사람들

❁ 가래질로 논둑 다지기

농사를 시작하며 빠트리지 말아야 할 일이 논둑 밭둑을 다져 주는 것이다. 논둑을 단단히 다져 놓아야 논에 물을 채웠을 때 무너지거나 새지 않고, 둑에 풀도 덜 자란다. 논둑을 쌓거나 깎을 때는 가래질을 한다.

가래질은 세 명이 한 조가 된다. 한 사람이 가래 자루를 잡고 흙을 뜨면 두 사람이 줄을 당겨 멀리 내던진다. 줄이 팽팽하게 당겨지지 않으면 가래질이 제대로 되지 않기 때문에, 세 사람의 호흡이 중요하다. 그래서 미리 빈 가래를 들고 손발을 맞춰 보는데, 이것을 '헛가래질'이라고 한다. 이것이 변해 '헹가래'라는 말이 되었다.

가래질하기

사 四月 월

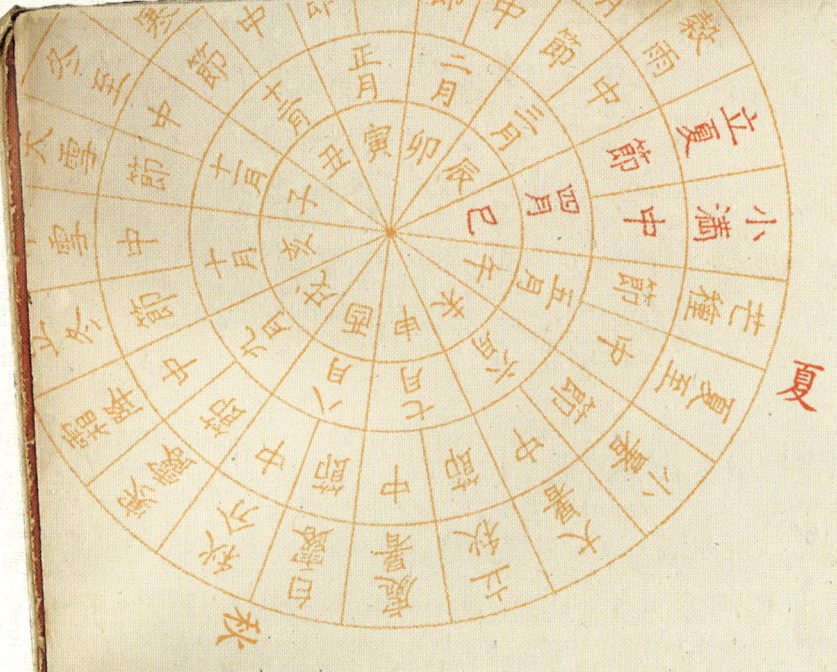

절기 입하
양력 5월 5일경으로, 계절이 여름으로 접어든다. 햇살이 강해지고 기온이 높아지면서 산과 들이 푸르게 변한다.

명절 초파일
음력 4월 8일로, 불교를 창시한 석가모니의 탄생일이다.

절기 소만
양력 5월 21일경으로, 만물이 기운차게 자라 세상을 가득 채우는 때이다.

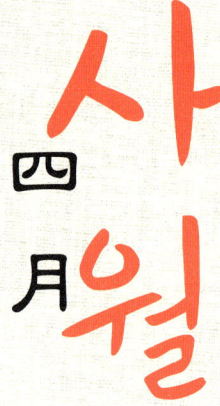

입하 무렵 공기가 점점 더워지며 여름이 시작된다.
누에를 먹이던 연한 뽕나무 잎이 짙푸르게 변해 간다.
마을 어귀 이팝나무에 꽃이 피기 시작하는데,
하얀 꽃들이 몽글몽글 뭉쳐 이밥 덩어리처럼 달린다.
날이 덥고 일은 힘드니 자칫 게으름을 피우기 쉽지만,
여름에 하루를 놀면 겨울에 열흘을 굶는다고 했다.
오죽하면 농사짓는 것을 여름 짓는다고도 할까.

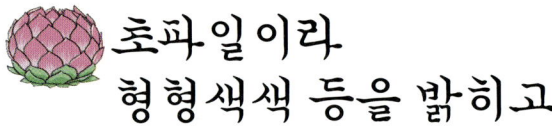
초파일이라
형형색색 등을 밝히고

"할아버지, 빨랑빨랑 서둘러요!"

아침을 먹자마자, 학동이와 함께 할아버지를 보챘다. 할아버지가 이번 초파일에는 연등놀이를 구경시켜 준다고 하셔서 이날을 얼마나 손꼽아 기다렸는지 모른다.

"연등놀이는 밤에 하는 건데 뭘 그리 서둘러. 천천히 가도 되지."

아버지는 우리더러 할아버지를 성가시게 한다고 꾸지람을 하셨지만, 어서 구경을 가고 싶은 마음에 참을 수가 없었다.

"꼭 연등놀이만 구경하나 뭐. 도성에는 볼 것도 많다는데."

급기야 학동이의 입에서 볼멘소리가 터져 나왔다. 할아버지는 어쩔 수 없다는 듯 학동이와 나를 데리고 일찌감치 집을 나서셨다.

학동이는 연등놀이 간다고 자랑을 한다며 순례네 집으로 쪼르르 달려

갔지만, 이내 심드렁한 얼굴로 되돌아왔다.

"순례네 집에 아무도 없어요. 순례가 어딜 갔지?"

순례는 새벽같이 제 어머니랑 절에 갔는데 학동이는 몰랐던 모양이다. 평소에 불심이 깊은 순례 어머니는 초파일이 되면 꼭 명절처럼 곱게 단장하고 절에 가신다. 그런데 이번에는 순례까지 데리고 가신 것이다.

도성까지는 거리가 꽤 되는데, 딴 때 같으면 걷기 힘들다고 칭얼댔을 학동이가 군말 없이 잘도 걷는다. 한참을 걸어 도착한 도성에는 집도 많고 사람도 많고 가게마다 물건도 많고……. 어휴, 정말이지 눈이 핑핑 돌았다.

성안에는 등을 단 집이 제법 많았고, 장대를 높이 세워 여러 개씩 매달아 놓은 집도 꽤 있었다. 등을 매단 장대 밑에서 수부희를 하며 노는 아이들도 보였다. 등은 보통 그 집의 아이들 수만큼 매단다는데, 큰 댓가지를 수십 개씩 얽어맨 것이 간혹 보였다. 처음에는 웬 아이가 저렇게 많나 하고 깜짝 놀랐는데, 화려하게 꾸미려고 그런 거란다.

여기저기 기웃대며 구경을 하느라고 오후 늦게야 할아버지 친구인 김 생원 할아버지 댁에 도착했다.

"어이구, 정말 몰라보게 자랐구나!"

김 생원 할아버지는 우리를 친손자처럼 반겨 주셨다.

"금강산도 식후경이라는데, 우선 밥부터 먹자꾸나. 배가 든든해야 구

경도 즐거운 법이지."

하루 종일 돌아다녀서 그런지 저녁을 먹는데 밥맛이 완전 꿀맛이었다.

저녁을 먹고 나니 시나브로 땅거미가 지면서 어둠이 내려앉기 시작했다. 집집마다 내건 등이 하나 둘씩 켜지고 거리 곳곳에서는 불꽃놀이가 벌어졌다.

불꽃들이 타닥타닥 사방으로 흩어지며 어지럽게 춤을 추는데, 그 모습을 보고 있자니 입이 떡 벌어지고 거의 넋이 나갈 지경이었다.

"와! 꼭 반딧불이가 춤추는 것 같아."

학동이는 정말 반딧불이라도 잡을 것처럼 손을 뻗어 홰홰 저었다.

우리는 김 생원 할아버지를 따라 조금 더 높은 언덕으로 올라갔다. 사방에서 빛나는 불빛이 마치 밤하늘에 별을 뿌린 것 같았다.

'별들이 다 땅으로 떨어졌나?'

혹시나 하고 하늘을 올려다봤지만, 하늘의 별들은 총총하기만 했다. 그러고 보니 내가 꼭 별빛 한가운데 있는 것 같았다.

주위에는 우리 말고도 구경 나온 사람들이 많았다.

"정말 사람 많다. 도성 안 사람들이 다 구경 나왔나 봐요."

학동이 말에 김 생원 할아버지가 빙그레 웃으셨다.

"목멱산, 백악산, 잠두봉 이런 데에는 훨씬 더 많을걸? 연등놀이 구경하기 좋다고 소문난 곳들이거든."

잠두봉: 목멱산은 지금의 남산, 백악산은 경복궁 북쪽의 북악산, 잠두봉은 합정동에 있는 절두산을 말한다.

"목멱산이면 아까 오면서 본 그 산이요? 그런데 우리는 왜 거기로 안 가요?"

더 좋은 데 가서 구경하자며 투덜거리자 할아버지가 고개를 설레설레 흔드셨다.

"밤길에 거기까지 가는 건 애들한테는 무리야."

"아이 참, 할아버지는 아직도 날 어린애 취급하세요?"

"저도 목멱산 올라갈 수 있어요."

내가 투덜거리듯 한마디 하자 학동이도 옆에서 거드는데, 말은 그렇게 하면서도 눈은 이미 반쯤 감겼다. 역시 애는 애라니까. 난 하품을 좀 해서 그렇지 눈은 동글동글한데 말이야.

"늦었네. 이만 돌아가세."

김 생원 할아버지가 우리를 번갈아 보시더니, 길을 재촉하셨다.

"조금만 더 있으면 안 돼요?"

그만 돌아가기가 아쉬워서 여쭈었더니, 할아버지들은 "저 얼굴 좀 보게." 하면서 껄껄 웃으셨다. 내가 그렇게 졸린 표정이었나?

김 생원 할아버지 댁으로 돌아가는데 길에도 사람이 많았다.

"평소 같으면 순라군밖에 없을 시간인데……."

할아버지도 연등놀이 구경이 오랜만이라 하셨는데, 거리 모습이 새삼스러우신 모양이다.

순라군: 조선 시대에 도둑과 화재를 막기 위해 순찰을 돌던 군사.

"그러게 말이야. 거참 희한하게 고려 때야 불교를 숭상했으니 그렇다 쳐도, 우리 조선에서는 불교를 배척하지 않나. 그런데도 초파일 풍습이 좀체 사라지지 않는단 말이지. 나라에서도 이런 걸 금지시키기는커녕 통행금지까지 풀어 주고 말이야."

김 생원 할아버지 말씀에 할아버지는 잠시 생각에 잠기셨다.

"글쎄, 초파일을 꼭 불교 행사라기보다는 그냥 명절로 생각할 수도 있는 게지. 워낙 오래 지속된 풍습 아닌가."

할아버지 말에 김 생원 할아버지가 고개를 끄덕거리셨다.

"그럴 수도 있겠구먼."

눈꺼풀이 자꾸 내려와서 김 생원 할아버지 집까지 어떻게 돌아왔는지도 모르게 잠이 들었다. 꿈속에서도 오색 불빛들이 아롱거리며 눈앞에 맴돌았다.

연등놀이를 다녀왔더니 누나는 누에 칠 준비를 하고 있었다. 어느새 뽕나무에 새잎이 자라 누에를 칠 때가 된 것이다. 할아버지를 따라 도성 구경이며 연등놀이 구경을 한 건 좋았지만, 누나한테 미안한 생각이 들었다. 학동이랑 나랑 연등놀이 구경 간다고 들떠서 떠들 때마다 부러워하는 눈치였는데……. 그래서 한동안은 꾀도 안 부리고 뽕잎 따는 일을 열심히 도왔다.

통행금지 : 조선 시대에는 밤 시간으로 2경에서 5경까지 통행을 금지했는데, 밤 10시에서 새벽 4시 사이이다.
넉 잠 : '잠'은 누에가 허물을 벗기 전에 잠시 쉬는 상태로, 넉 잠 잤다는 것은 허물을 네 번 벗고 5령 애벌레가 된 것을 말한다.

알에서 깨어난 누에를 누에채반에 내려놓고 뽕잎을 주기 시작하는데, 누에들은 그저 먹고 자고, 먹고 자고 하면서 잘도 큰다. 와그작와그작 뽕잎을 먹어 대며 누에들이 점점 커지자, 하루에도 서너 차례씩 뽕잎을 주느라 눈코 뜰 새 없이 바빴다.

"학동아, 그렇게 아무 잎이나 따면 안 돼. 빛을 잘 받고 자란 걸로 따야지. 그리고 가지는 계속 자라야 하니까 함부로 꺾지 말고."

학동이는 아무 잎이나 잡아 뜯다가 누나한테 야단을 맞기도 했지만, 그래도 돕겠다고 나서는 마음이 기특하다며 누나는 학동이를 보며 벙글거렸다.

누에는 아침저녁으로 먹고 자더니 어느새 손가락 굵기로 커졌다. 마침내 넉 잠을 자고 난 누에가 실을 토해 제 몸을 돌돌 감아 고치가 되었다.

학동이가 누에고치들을 골똘히 보다가 날 불렀다. 얘가 무슨 말을 하려나 싶었는데, 아니나 다를까.

"형, 꼭 강정 같다, 그치?"

어이구, 그러면 그렇지. 정말 못 말리는 동생이다.

"네 눈에는 먹을 거밖에 안 보이냐?"

머리를 한 대 콩 쥐어박았더니 약이 오른 얼굴이다.

"그럼 형은 뭘로 보이는데?"

"뭘로 보이긴? 그야 당연히……."

그러고 보니 강정처럼 생기긴 했다. 아니, 강정이 누에고치처럼 생긴 건가?

학동이랑 누에고치를 들여다보며 티격태격하는데, 아버지가 써레질을 하느라 흙탕물이 잔뜩 묻은 차림으로 돌아오셨다.

한동안은 보리 베기를 하느라 정신없더니 그 일이 끝나기 무섭게 논에 물을 대고 써레질을 하느라 다시 바쁜 것이다. 써레질이 끝나면 모내기 전에 천렵을 한번 가자 하셨는데, 아직은 좀 기다려야 하겠지?

아버지는 누나가 물을 떠다 드리자 벌컥벌컥 시원하게 들이켜셨다.

"상수가 오늘 써레질을 배우느라 아주 혼이 나더라고. 꼬맹이 때 우리 숙영이랑 풀각시놀이하고 그러던 게 엊그제 같은데, 그새 커서 써래질을 다 배우고, 허허."

천렵 : 물가에 가서 헤엄치고 고기를 잡으며 노는 일.

　아버지 말씀에 누나는 괜히 얼굴이 붉어지더니, 우리 앞에 손을 쑥 내밀었다.
　"뒤뜰에 앵두가 익기 시작했더라."
　누나는 앵두 몇 알을 우리 손에 쥐어 주고는 얼른 부엌으로 들어가 버렸다. 탱글탱글 익은 붉은 앵두를 보니, 입안에 사르르 침이 고였다.
　"녀석들, 뒤뜰 풀 방구리에 생쥐 드나들 듯하겠구먼."
　새콤달콤 앵두를 입에 넣고 기분 좋게 맛을 보는데, 아버지가 허허 웃으셨다.

세시풍속 열두마당

세시풍속 백과

❀ 초파일 관등놀이를 가세

음력 4월 8일 초파일은 석가모니가 탄생한 날로, 불교의 가장 큰 기념일이다. 연등(燃燈)을 밝힌다고 해서 연등절, 그 연등을 구경한다고 해서 관등절이라고도 한다. 연등에는 진리의 불빛을 밝힌다는 뜻이 있다.

연등 행사

통일신라 때 시작된 연등 행사는 본디 대보름에 크게 열리다가 고려 말에 초파일 행사가 더 커졌다. 불교가 쇠퇴했던 조선 시대에도 민가에서는 연등놀이가 이어졌는데, 풍년을 기원하던 대보름 연등 행사의 흔적으로 보기도 한다.

❀ 아이들이 더 신나는 초파일

초파일은 특히 아이들에게 즐거운 날이었다. 초파일에 아이들은 팔일빔이라고 해서 새옷을 입고 어른들을 따라 절에 간다. 초파일 절 앞에는 큰 장이 섰는데, 아이들을 위한 인형·피리·오뚝이 같은 장난감과 주전부리거리가 많았다. 밤에는 등불 밑에서 물이 담긴 동이에 바가지를 엎어 놓고 빗자루로 두드리며 놀았다. 이 놀이를 '수부희(물장구)'라고 한다.

왕비도 몸소 실천하며 장려한 누에치기

양잠(누에치기)은 기원전 2650년경 중국에서 시작되었다고 하고, 우리나라에서는 고조선 때 시작되었다고 한다. 예로부터 양잠은 나라와 개인 경제에서 큰 몫을 차지하는 일로 적극 장려되었다. 조선 시대에는 '친잠례'라고 해서 왕비가 궁궐에 잠실을 두고 직접 누에치기를 해 보이며 백성들에게 양잠의 중요성을 알리기도 했다.

누에치기

모내기를 하려면 논을 삶아야 해

벼를 키울 때는 볍씨를 못자리에서 어느 정도 키운 뒤 논에 옮겨 심는다. 이것을 '모내기'라고 하는데, 논에 물을 채운 뒤 질퍽한 땅에 모를 찔러 넣는 것이다. 논바닥이 고르고 흙이 부드러워야 모내기할 때 힘이 덜 든다. 따라서 모내기 전에 써레로 논바닥을 고르고 흙덩이를 잘게 부수어 정리하는데, 이것을 '논 삶이(써레질)'라고 한다.

못자리(왼쪽)와 써레질(오른쪽)

五月 오월

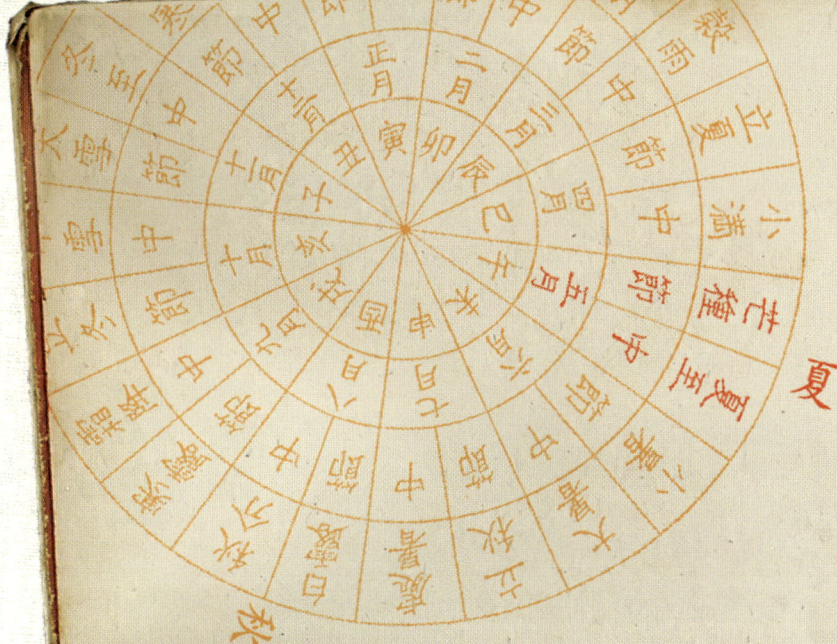

명절 단오
음력 5월 5일로, 일 년 중 기운이 가장 왕성한 날이다. 여자들은 창포물에 머리를 감고 그네를 뛰며, 남자들은 씨름을 한다.

절기 망종
양력 6월 6일경으로, 보리와 밀 같은 곡식을 거두는 때이다. 보리 베기와 모내기를 하느라 정신없이 바빠지는 때이기도 하다.

절기 하지
양력 6월 21일경으로, 낮이 가장 긴 날이다. 장마가 시작되며 본격적인 여름을 알린다.

보리가 익으면서 들판이 황금빛으로 물들고,
집집마다 오동나무 꽃이 탐스럽게 피어난다.
앵두가 붉게 익고 창포잎이 푸르러질 때면
여름을 맞는 단오놀이가 열려 동네가 떠들썩하다.
보리 베기는 망종 전에 끝내야 한다면서
들판에는 쓱싹쓱싹 낫질 소리가 분주하고
그루갈이를 하지 않는 논에서는 이른 모내기를
하느라 바쁘다.

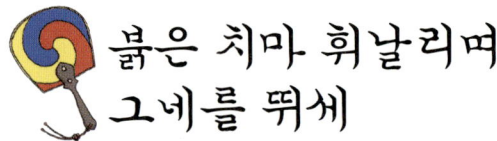 붉은 치마 휘날리며 그네를 뛰세

단옷날 아침, 할아버지가 앵두를 한가득 따오셨다. 새벽이슬을 머금은 붉은 앵두가 보기만 해도 탐스러웠다.

"조상님들께 올리는 것으로는 제철 음식이 제일이니라."

차례 상에 수리취떡과 함께 앵두를 올리고 조상님들께 절을 올렸다.

할아버지는 도성 가는 인편이 있다며 수리취떡을 한 묶음 싸서 친구인 김 생원 할아버지께 보내셨다.

"성안 사람들은 수리취떡을 떡집에서 사 먹기도 하는 모양이더라만, 친구가 보내 준 건 정성 때문에라도 더 맛있지 않겠느냐."

차례를 지낸 후 어머니와 누나는 단오놀이를 간다며 들뜬

모습으로 집을 나섰다. 어머니는 깨끗하게 빨아 놓은 옷으로 단장하고 머리에는 아버지가 깎아 주신 창포비녀를 꽂으셨다. 창포물에 감은 머리는 윤기가 좌르르 흐르고, 가벼운 여름옷에 발걸음까지 사뿐사뿐하다.

"할아버지, 어서 씨름 구경 가요."

학동이와 내가 함께 재촉하자, 천천히 가자시던 할아버지도 서둘러 채비를 마치셨다.

"그래, 그래. 올해는 누가 황소를 타는지 볼까?"

마을 앞 냇가 모래밭에서는 이미 씨름판이 한창이었다. 양지말 사는 영도 아버지랑 밤골 사는 신이 아버지가 샅바를 잡고 있고, 구경꾼들은

서로 자기 마을 사람을 응원하느라 와자지껄했다.

신이 아버지가 몸을 앞쪽으로 미는 것 같더니 잽싸게 영도 아버지의 안쪽다리를 걸었다.

"잘한다!"

밤골 사람들이 신이 나서 외치는데, 잠시 비틀하는가 싶던 영도 아버지가 어느새 중심을 잡더니 신이 아버지를 모래밭에 팽개쳐 버리는 게 아닌가.

"어이쿠!"

밤골 사람들은 마치 자기가 넘어진 것처럼 안타까운 소리를 토해 냈다.

"올해는 영도 아범이 황소를 차지하려나?"

"영도 아범은 좋겠어. 저렇게 힘이 좋으니 일을 할 때 품을 더 많이 쳐서 받지 않나그래."

양지말 아저씨들은 영도 아버지가 이긴 것을 기뻐하면서 한편으로는 부러운 표정이 역력했다.

문득 언덕 쪽을 바라보니 푸른 저고리 붉은 치마가 오르락내리락하고 있다. 그네가 허공으로 치솟다가 내려올 때면 댕기머리가 곡선을 그리고, 치마는 바람을 담뿍 안고 펄럭였다. 제비가 물을 차듯 허공으로 차오르는 모습이 어찌 보면 날랜 무사 같기도 했다.

수리취떡을 점심 삼아 먹으며 한참을 놀다 집에 왔더니 어머니도 그

〈단오풍정〉_신윤복

제야 돌아오시는데, 언제 캐셨는지 보따리에 약쑥과 익모초가 한가득이었다.

"어머니는 어느 틈에 이걸 하셨나 몰라."

누나는 같이 놀러갔으면서도 어느새 그런 것까지 챙긴 어머니가 신기한 모양이다.

단옷날 중에서도 오시는 가장 양기가 왕성한 시각이라 이때 약쑥이나 익모초, 찔레꽃 같은 걸 따서 말려 두면 약효가 좋다고 한다.

"영도 형네 아버진 정말 힘세더라. 글쎄, 있잖아……."

오시 : 하루를 열둘로 나눈 12시의 일곱째 시. 오전 열한 시부터 오후 한 시까지이다.

　학동이가 낮에 본 씨름 얘기를 신이 나서 떠드는데, 어떤 아저씨가 대문 밖에서 할아버지를 찾았다.

　할아버지께서 나가시더니 허허 웃으며 들어오셨다. 도성에 사는 김 생원 할아버지가 단오 선물로 부채를 보내신 것이다.

　"허허, 이 친구가 단오 때마다 잊지 않고 부채 선물을 보내 주네그려. 참으로 사람 사는 정이 도타운 친구일세."

　설렁설렁 부채를 부치는 할아버지 얼굴이 더없이 시원해 보였다.

　"어, 시원타. 친구가 보내준 바람이라 그런지 더 상쾌하구나. 시골에 생색내기로는 여름에 부채요 겨울엔 달력이라더니, 참으로 맞는 말이야."

　단오는 바야흐로 여름이 시작되는 때, 그러고 보니 부채만큼 딱 어울리는 선물이 없지 싶다.

"그렇다고 부채가 어디 더위를 쫓는 데만 쓰이던가?"

할아버지가 부채 예찬론을 펼치시는데, 정말 그럴싸하다.

부채는 바람만 일으키는 게 아니라 햇빛 가리개로도 쓰고, 파리나 모기를 쫓을 때에도 쓴다. 얼굴을 가릴 때에도 부채가 딱이다. 부채는 어머니처럼 살림하는 사람에게도 요긴하다. 다림질할 때는 숯불을 일으키고, 부엌에서는 아궁이에 바람을 불어 넣을 때 쓴다. 그리고 보니 팔방미인이라는 말은 이럴 때 쓰는 건가 보다.

얼씨구 탕!

절씨구 탕!

보릿단 때리는 도리깨 소리가 마당을 탕탕 울린다. 씨름이며 그네뛰기를 하며 논 게 언제냐 싶게 마을은 보리타작으로 분주해졌다. 늑장을 부리다가 모내기가 시작돼 버리면 자칫 베어 놓은 보리를 타작을 못 하는 수가 있으니 정신없이 서두르는 것이다. 아버지는 보리타작 틈틈이 논에 물을 대느라 바쁘게 왔다 갔다 하셨다.

아버지와 순례네 아버지가 마주서서 앞으로 갔다 뒤로 물러났다 하면서 장단 맞춰 도리깨를 내리치면, 그 장단에 어깨가 절로 들썩거렸다.

학동이랑 나는 비를 들고서 타작마당 바깥으로 튀어 나가는 낟알들을 쓸어 모았다. 그런데 보리 까끄라기가 자꾸 옷 속으로 들어가는 바람에 간지러워서 혼났다. 학동이는 까끄라기 때문에 간지럽다며 몸을 뒤트느라 비질도 하는 둥 마는 둥이었다.

차르륵 차르륵 차라라락 찰락!

아주머니들은 키질을 하며 도리깨질이 끝난 낟알들을 추리는데, 키를 한 번 까불릴 때마다 가벼운 쭉정이와 검부러기들은 날아가고 알곡만 다시 키 속으로 내려앉는다. 힘차고 날쌘 도리깨 소리와는 달리 나비질 소리는 경쾌한 느낌으로 타작마당을 울렸다.

보리타작을 마치자마자 어른들은 논을 갈랴 써레질을 하랴 못자리를

나비질: 곡식에 있는 먼지, 부스러기 따위를 날리려고 키로 부쳐 바람을 일으키는 일.

하랴 눈코 뜰 새가 없었다. 우리 같은 아이들은 하는 일도 별로 없이 덩달아 마음만 바빴다.

<u>모내기</u> 준비로 바쁜 사람들 마음을 아는지 모르는지 하늘은 쨍쨍한 볕만 비칠 뿐 좀처럼 비가 올 기미가 안 보였다.

"모내기를 해야 할 텐데, 비 좀 안 내려 주시려나?"

할아버지는 애가 타는 얼굴로 마른하늘을 쳐다보셨다.

다행히 저수지에 가둬 둔 물이 있어 무사히 모내기를 했지만 할아버지는 그래도 마음이 안 놓인다고 하셨다.

"어찌어찌 모내기는 마쳤다만, 문제는 이후에도 계속 가물까 봐 걱정일세."

옮겨 심은 모가 시들지는 않는지, 그새 논바닥에 물이 마르지는 않았는지 살피느라 초조한 마음에 어른들은 엉덩이를 자리에 붙일 틈이 없었다.

"어, 빗방울이다!"

학동이와 함께 오디를 따먹고 있는데 투둑 하며 빗방울이 이마를 때렸다. 흡족할 만큼 많이 내린 것은 아니지만 그래도 큰일은 면했다며 사람들은 가슴을 쓸어내렸다.

"조금만 더 날이 가물었으면 큰일 날 뻔했지."

"모내기가 다 좋은데, 봄에 가물어 버리면 곤란하단 말이야."

오디 : 뽕나무의 열매.

논에 물을 대느라 물에 발을 담그고 살다시피 하면서도 어른들은 그저 비가 내린 것만 고마워했다.

그사이 날은 점점 더워지고, 한여름으로 접어드는 신호인 양 매미소리가 높아졌다.

세시풍속 백과

🏵 밝은 기운이 가득한 단옷날

단오는 음력 5월 5일, 같은 홀수가 겹치는 날이다. 예로부터 홀수를 기운이 살아 있는 '양'의 수라고 생각했고, 5를 그중에서도 가장 완전한 수라고 생각했다. 또 홀수가 겹치는 날에는 기운이 더욱 세진다고 보았으니, 5가 겹치는 5월 5일을 가장 길하게 여긴 것이다. 단오를 달리 '수릿날'이라고도 한다. 수리는 위, 높은 곳, 신 등을 뜻하는 우리말이다. 그러니까 수릿날은 최고의 날, 신의 날이라는 뜻이 된다.

강릉단오제의 시작을 알리는 국사성황제

🏵 밝은 기운으로 사악한 귀신 물리치기

단옷날 중에서도 오시(오전 11시~오후 1시)는 기운이 가장 강해 이때 뜯은 약쑥은 효험이 아주 좋다고 한다. 이 쑥을 문 옆에 세워 두거나 쑥으로 인형을 만들어 문 위에 걸어 두면 사악한 기운을 물리칠 수 있다고 생각했다. 실제로 마늘, 쑥, 창포처럼 냄새가 독한 풀을 문에 걸어 두면 뱀이나 벌레들이 함부로 들어오지 못한다. 여자들은 창포물에 머리를 감고 창포뿌리를 깎은 비녀를 꽂았고, 남자들은 창포뿌리를 허리에 찼다. 이렇게 하면 삿된 기운을 물리치고 여름에 더위를 먹지 않는다고 했다.

✿ 남편은 씨름하고 아내는 그네 뛰는 날

단오에 남자들은 씨름을 즐기고 여자들은 그네를 뛴다. 씨름에서 장원을 가리는 법은 지금처럼 둘씩 겨루어 이긴 사람들끼리 다시 겨루는 게 아니라 한 번 이긴 사람이 새로운 도전자를 계속 물리치는 방식이었다.

그네뛰기는 본디 산융족들의 군사 훈련법이었는데 우리나라에 들어와 여자들 놀이로 크게 유행했다. 고려 때까지만 해도 단오가 되면 궁중에서도 그네를 뛰었다고 한다. 조선 시대에 양반들은 그네뛰기를 꺼렸지만, 일반 백성들 사이에서는 여전히 인기가 좋았다.

씨름

✿ 일석이조 효과를 가져오는 모내기

모내기는 볍씨를 논에 직접 뿌리는 직파법에 비해 유리한 점이 많다. 못자리에서 모를 키우는 동안 논에 다른 작물을 키울 수 있다. 모를 키울 때 부실한 것들을 미리 솎아 낼 수 있고, 어느 정도 자란 뒤에 옮겨 심기 때문에 병충해에 강하다. 모내기를 하면 줄을 맞춰 심기 때문에 잡초를 가려내기가 쉬워 김매기에 드는 노동력을 대폭 줄일 수 있다. 덕분에 일은 줄이면서 소출(논밭에서 나는 곡식)은 더 많아지는 것이다.

모내기를 하는 마을 사람들

유월 六月

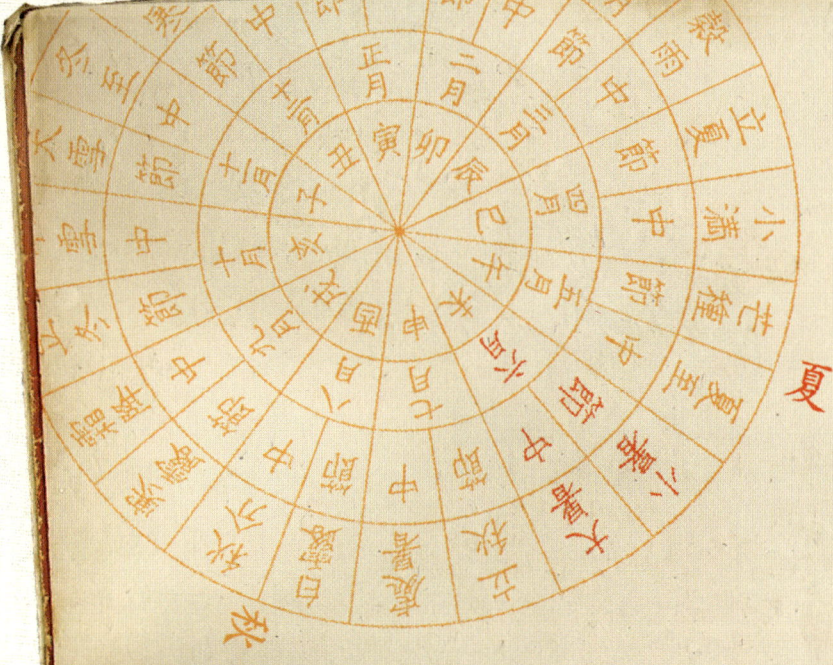

절기 소서
양력 7월 7일경으로, 작은 더위라는 이름과 함께 본격적인 더위가 시작된다.

명절 유두
음력 6월 15일로, 나쁜 일을 떨어 버리기 위하여 동쪽으로 흐르는 물에 머리를 감는 풍습이 있다.

절기 대서
양력 7월 23일경으로, 일 년 중 가장 무더운 시기이다. 뜨거운 햇볕과 비 덕분에 곡식은 왕성하게 자란다.

소서에 대서까지 겹쳤으니 그야말로 더위와 함께하는 달이다.
때때로 큰비까지 내려서 초목은 무성해지고,
물 고인 논에서는 밤마다 악머구리들이 울어 댄다.
만물이 쑥쑥 자라고 생명력이 넘치는 것은 좋지만
파리·모기까지 덩달아 극성을 부리는 것은 짜증스럽다.
더위에 숨이 막히지만 곡식이 쑥쑥 자라는 건 반갑고
유둣날에는 시원한 물놀이로 잠시 더위를 잊어 본다.

 차고 맑은 물에
삼복더위 흘려보내고

매애앰, 매애앰.

씨이릉, 씨이릉.

매미들도 더운가? 정말 극성스럽게도 울어 댄다. 그런데, 매미들도 출신 집안이 제각각인지 우는 소리가 조금씩 다르다.

매미 소리가 커지는 만큼 들판에 벼도 쑥쑥 잘 큰다. 어른들은 날이면 날마다 뙤약볕 아래 김매기를 하느라 땀에 범벅이 되면서도, 이대로만 가면 풍년이라며 표정만은 밝으셨다.

나무를 하러 친구들이랑 산에 갔지만, 나무는 하는 둥 마는 둥 그늘에서 노는 시간이 더 많았다.

"아휴, 덥다, 더워."

유난히 더위를 타는 달구는 '덥다' 소리를 입에 달고 산다.

"너는 대보름날 아침에 열심히 더위를 팔아 놓고서는 그리 더워하냐? 순 헛일했구먼."

우리가 놀려 댔더니 달구는 손을 홰홰 내저었다.

"야야, 그렇게라도 더위를 팔았으니 이나마 견디는 거지. 안 그랬으면 더워서 벌써 기절했을지도 몰라."

아무튼 말은 잘한다. 그나저나 유월에는 어쩌자고 소서에 대서까지 같이 있담. 좀 멀리 떨어져 있으면 덜 더울지도 모르는데. 아니, 그러면 더

〈고누놀이〉_김홍도

위가 더 오래 계속되는 건가? 어찌 됐든 한동안은 꼼짝없이 더위에 시달리게 생겼다.

산에서 내려오는데 먹구름이 몰려오면서 하늘이 어두워졌다.

"이크, 비가 한바탕하려나 보다."

다들 부리나케 집으로 뛰었다. 한두 방울씩 떨어지던 비는 집에 도착할 때쯤 제법 굵어졌다. 그렇게 내리기 시작한 비는 밤새 퍼부었다.

"이제 본격적으로 장마가 지려나 보다."

"너무 많이 쏟아지는데, 논둑이 괜찮으려나 모르겠네."

할아버지랑 아버지는 번갈아 하늘을 올려다보며 걱정하셨다. 언제는 비가 안 온다고 걱정이었는데 이번에는 또 비가 온다고 걱정이니, 곡식을 키우는 건 정말이지 힘든 일인가 보다.

자다가 쉬는 마려운데 일어나기는 싫고 해서 몸을 비틀며 참고 있는데, 문밖에 기척이 들렸다. 곧이어 신발 끄는 소리도.

'벌써 들에 나가시나? 어, 아직 비올 텐데?'

문을 열고 보니 날이 채 밝지도 않았는데, 어머니 아버지가 삿갓에 도롱이를 쓰고 나가셨다. 밤새 내린 비에 혹시 논둑이 터졌나 싶어 살피러 가시는 거였다.

어머니 아버지는 누나가 아침밥을 다 지은 후에야 돌아오셨는데 별일은 없다며 표정이 밝으셨다.

낮에는 비가 그치고 해가 쨍 떴는데 공기가 축축하니까 더 덥다. 이제 한동안 이런 무더위에 시달리겠지. 덕분에 산이며 들은 날로 무성해지고 벼도 잘 자라는 거라고 어른들은 말씀하시지만…….

물이 많아진 논에서는 밤마다 악머구리들이 울어 댄다. 훈장님은 가끔 우리더러 악머구리처럼 떠들어 댄다고 야단을 치시는데, 우리가 정말 저렇게 정신 사납게 떠들었나?

유둣날, 어머니는 밀국수에 떡까지 하시고, 할아버지는 밭에 나가 잘 익은 수박이랑 참외를 따오셨다. 준비한 음식과 과일을 상에 올리고 조상님들께 정성껏 빌었다.
"온 가족 탈 없이 잘 지내고, 농사는 풍년 들게 해 주십시오."
천신이 끝나고 식구들이 둘러앉아 밀국수를 먹었다.
"많이들 먹어라. 유두에 국수를 먹으면 더위도 안 타고 오래 산단다."
어머니한테 국수 그릇을 받아 들던 학동이가 고개를 갸웃거렸다.
"근데, 국수를 먹으면 왜 오래 살아요? 국수 가닥이 길어서 그러나?"
학동이의 말에 할아버지가 고개를 끄덕이셨다.
"우리 학동이는 별걸 다 아는구나, 허허."
정말, 생각해 보니 학동이 말이 맞는 것 같다.
어머니는 시원한 우물물에 수단도 만드셨다.

악머구리 : 잘 우는 개구리. 아주 시끄럽게 소리 내는 것을 가리킨다.
천신 : 철따라 새로 난 과일이나 농산물을 조상에게 먼저 올리는 일.

세시풍속 열두마당

"높은 양반들은 수단에 얼음을 띄워 먹는다면서요?"

꼴깍꼴깍 달콤하고 시원한 수단을 먹다 보니 금동이한테 들은 말이 생각나서 할아버지께 여쭈어 보았다.

"얼음?"

얼음이란 말에 학동이 눈이 등잔만 해졌다.

"에이 참, 형도. 이 여름에 얼음이 어딨어?"

학동이가 말도 안 된다는 표정을 짓다가 할아버지가 고개를 끄덕거리시자 눈이 더 동그래졌다.

"그럼, 높은 벼슬아치들한테는 나라에서 얼음을 나눠 주지. 하지만 우리 같은 사람이야 어디 구경이나 할 수 있나."

여름에 얼음이라니, 정말 신기하기도 하지. 여름에 먹는 얼음은 어떤 맛일까?

모두 일을 하루 쉬고 물놀이를 가기로 했다. 어머니는 참외랑 떡에 지난봄에 담근 술도 한 병 챙기셨다.

"학동이 너, 유두를 어찌 쓰는지 알아?"

학동이가 마당에서 흰둥이랑 장난을 치고 있기에 물었다.

"으응?"

'흠, 내 그럴 줄 알았지.'

역시 학동이는 모르겠다는 얼굴이다.

"형이 가르쳐 줄까?"

막대기로 마당에 쓱쓱 글자를 써 주었다.

"음, 이건 흐를 류, 그리고 이건…… 머리 두."

학동이가 떠듬떠듬 글자를 읽다가 고개를 갸웃거렸다.

"머리가 흘러가?"

"뭐? 푸하하."

웃음을 터뜨리다가 몇 글자 더 적어 주었다.

"자, 봐. 동류수두목욕, 동쪽으로 흐르는 물에 머리를 감는다는 뜻이야. 이 '동류수두목욕'을 줄여서 유두야."

'이제 알겠지?' 하는 표정으로 으쓱 잘난 체를 하는데, 학동이가 심하게 어려운 걸 묻는 게 아닌가.

"왜 동쪽으로 흐르는 물이야? 서쪽이나 남쪽으로 흐르면 안 돼?"

어이쿠, 그걸 내가 어떻게 안담? 동생 앞에서 잘난 척 좀 하려고 했더니만……. 진짜, 왜 동쪽인 거지? 그러고 보니 삼복더위도 왜 복이라는 말을 쓰지? '복(伏)'은 엎드린다는 뜻인데, 더위에 지쳐 납작 엎드린다는

세시풍속 열두마당

뜻인가? 요즘 내 모습을 보면 이 말이 맞는 것 같다. 아니다, 더위를 엎드리게 한다는 뜻인가? 에이, 모르겠다. 유래를 안다고 안 더운 것도 아닌데, 뭐.

계곡에 동네 사람들이 많이 모였다. 흐르는 계곡물에 몸을 담그고 머리도 감다 보니 유두라는 말이 절로 실감이 났다.

"어, 시원하다."

"유두가 좋긴 좋네. 핑계 김에 이렇게 물놀이도 하고."

"그러게. 그러고 보니 조상님들이 이렇게 하루 쉬라고 한여름에 명절을 만드신 모양이야."

"그거 말 되네그려. 하하하."

어른들도 물놀이가 좋은지 웃음꽃을 활짝 피우셨다.

세시풍속 백과

◉ 흐르는 물에 몸과 마음을 씻는 유두

신라에서 유두 잔치를 했다는 기록이 있는 것을 보면 오래된 명절임을 알 수 있는데, 왜 이름이 유두인지는 정확히 알 수 없다. 유두에는 동쪽으로 흐르는 물에 머리를 감는 풍습이 있다. 동쪽으로 흐르는 물은 양기가 왕성해서 나쁜 기운을 씻어 내고 여름에 더위를 먹지 않게 된다고 믿었다. 물의 신성한 힘으로 몸과 마음을 깨끗이 씻어 낸다는 생각은 세계 어디에서나 볼 수 있는 믿음이다.

물맞이

◉ 뜨거운 음식으로 더위 물리치기

이열치열이라고 해서 삼복더위에 더운 음식을 먹으며 더위를 잊기도 한다. 닭고기에 인삼, 황기, 대추 같은 약재를 넣고 끓인 계삼탕은 복날 음식의 대표격이다. 지금은 삼계탕이라고 부르지만 닭이 귀했던 예전에는 계삼탕이라고 했다. 또 귀한 계삼탕 대신 팥죽을 쑤어 먹기도 했다. 복중에 팥죽을 쑤어 먹으면 더위를 먹지 않고 병에 걸리지 않는다고 한다.

요즘도 즐겨 먹는 삼계탕

❀ 더위가 기승을 부리는 삼복

음력 6월에서 7월 사이, 여름의 가장 더운 때를 '삼복더위'라고 한다. 초복, 중복, 말복이 10일 간격으로 들고, 중복에서 말복은 20일 간격이 되기도 한다. 말복은 입추 뒤에 들기 때문에 예로부터 말복이 지나면 큰 더위는 끝난 것으로 보았다. 복(伏)자는 엎드린다는 뜻의 글자인데, 서늘한 기운이 뜨거운 기운에 눌려 엎드려 있다고 해서 이런 글자를 쓴다.

❀ 여름을 견디는 시원한 방법 찾기

유두나 복날에는 잠시 일을 쉬고 물놀이를 하며 더위를 식혔다. 강과 계곡에서 미역을 감고 고기를 잡으며 놀고, 폭포 밑에 앉아 떨어지는 물을 맞는 물맞이도 많이 했다. 하지만 점잖은 양반들은 물에 풍덩풍덩 들어갈 수 없으니 탁족을 한다. 발만 물에 담그는 것이다. 설렁설렁 바람을 일으키는 부채도 한여름 더위를 쫓는 데 도움이 된다. 부채는 남녀노소와 빈부귀천을 가리지 않고 누구나 사용했다. 수박이나 참외를 시원한 우물물에 담갔다 먹는 것도 한여름에만 느낄 수 있는 맛이다.

〈노승탁족도〉_조영석

칠月월

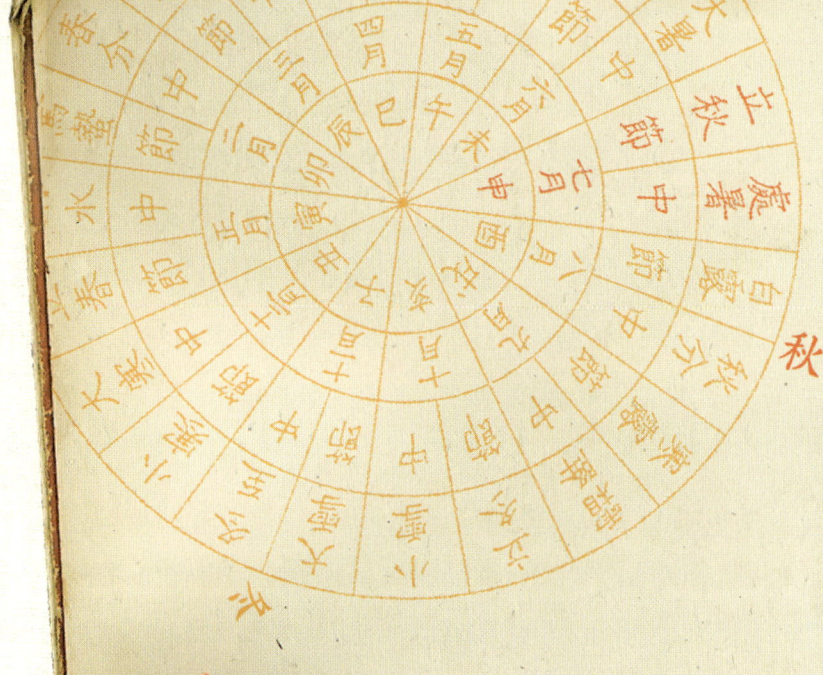

명절 칠석
음력 7월 7일로,
은하수 서쪽에 있는 직녀와 동쪽에 있는 견우가 일 년에 한 번 만난다는 날이다.

절기 입추
양력 8월 8일경으로,
가을로 들어서는 때이다. 늦더위 속에서도 바람에 시원한 기운이 감돌기 시작한다.

명절 백중
음력 7월 보름으로,
여름 김매기를 끝내고 호미씻이를 하는 명절이다.

절기 처서
양력 8월 23일경으로,
더위가 한풀 꺾이고 선선한 가을이 시작된다.

여름 한가운데에서 더위가 좀처럼 가실 줄을 모른다.
칠석 무렵이면 견우직녀의 눈물처럼 비가 내리는데
그저 큰비만 내리지 않았으면 하는 마음이다.
곡식이 한창 익을 때인데 비가 많이 내리면
제대로 여물지 못하고 썩을 염려가 있기 때문이다.
뙤약볕 아래 호미질하는 사람들은 땀으로 흙을 적시지만
벼가 많이 자라고 나면 조금 여유가 생긴다.

여름 농사 마무리하고 풍년을 기다리네

날씨가 꾸물꾸물해진다 싶더니 보슬보슬 비가 내리기 시작했다.
"비도 오는데 핑계 김에 오늘은 쉬어야겠네."
어머니가 울 밑에서 애호박을 따다 밀전병을 만들어 주셨다.
"후, 후."
"아이, 뜨거!"
어찌나 맛난지 뜨거운 밀전병을 식힐 틈도 없이 잇따라 집어삼켰다.
"신통하기도 하지. 칠석날이라고 이렇게 비가 내리니 말이야."
어머니는 밀전병에 젓가락을 대는 둥 마는 둥 비 내리는 마당을 우두커니 바라보셨다.
"견우랑 직녀는 올해도 잘 만나시나? 상봉의 눈물일까나, 이별의 눈물일까나?"

애호박 : 덜 여문 어린 호박.
밀전병 : 밀가루 반죽을 동그랗고 얇게 부친 전.

어머니가 중얼거리며 하늘을 올려다보시자, 학동이가 밀전병을 입에 넣다 말고 어머니 얼굴이랑 하늘을 번갈아 쳐다보았다.

"누가 누구를 만나요? 하늘에서요?"

"왜, 전에 어머니가 견우직녀 얘기해 주셨잖아."

숙영 누나가 젓가락을 내려놓으며 끼어들었다.

"오늘이 바로 그 두 사람이 일 년에 한 번 만나는 날이야."

"그런데 왜 비가 와?"

"이 비는 다른 비랑 달라. 견우랑 직녀가 흘리는 눈물이거든. 만났을 때는 반가워서 울고, 헤어질 때는 너무 슬퍼서 울고 그러는 거지."

"나 그 얘기 다시 해 줘, 응?"

누나가 견우직녀 이야기를 해 주자, 학동이는 전에 들었던 이야기인데도 여전히 재미있다는 얼굴이다.

"그럼 견우직녀는 헤어진 지 얼마나 된 거야?"

뜬금없는 질문에 누나가 멀뚱하니 학동이 얼굴을 쳐다보았다.

"글쎄, 할아버지도 어렸을 때 할아버지의 할머니한테 들은 얘기라고 했으니까. 그리고 그 할머니는 또 할머니한테서 들었을 테고…… 암튼 무지 오래 됐겠지?"

그러자 학동이가 손가락을 꼽으며 한참 계산하더니 엉뚱한 소리를 했다.

"그럼, 견우랑 직녀는 지금 나이가 아주 많은 할아버지 할머니가 됐겠네?"

학동이 말을 듣고 보니 그도 그럴 것 같다. 하지만 호호백발을 한 견우 직녀라니, 도저히 상상이 되질 않는다.

칠석에 비가 내리고 입추까지 지나고 나니, 그 뜨겁던 더위가 한풀 꺾였다. 아직 말복이 남았고 늦더위는 여전하지만, 살랑살랑 바람이 제법 분다.

하루는 아침부터 어머니랑 누나가 집 안에 있던 옷과 이불을 모두 꺼내 마당에 널고, 할아버지도 책들을 마루에 꺼내 놓으셨다. 장마철에 눅눅해졌던 것들을 햇볕에 말리고 거풍을 시키는 것이다. 옷들이 바람에 나풀거리며 말라 가는 것을 보니 마음까지 뽀송뽀송해지는 것 같았다. 마당에 널린 물건들을 보니, 책도 좀 있고 옷도 꽤 걸려 있는 것이, 우리 집이 부자 같은 기분이 든다.

"이맘때 말이다, 마당에 옷이랑 책을 내놓고 말리는 걸 보면 그 집이 얼마나 잘사는지 곤궁한지를 알 수 있는 법이야."

"이만하면 우리 살림도 괜찮은 편이지요? 하하."

할아버지랑 아버지가 들에 나가시면서 마당을 몇 차례 돌아보시며 허허 웃으셨다.

거풍 : 바람이 안 통하는 곳에 두었던 물건을 꺼내 바람 쐬는 일.

　요즘은 김매기가 끝나 가는 때라 그런지 사람들 얼굴에 한결 여유가 있다. 지금 하는 세 번째 논매기를 하고 나면 추수 때까지 잠시 한숨 돌릴 수 있는 것이다. 그리고 그 여유로움을 맘껏 즐길 수 있는 날이 바로 백중!

　백중날은 망혼일, 우란분회, 중원……. 여러 가지 이름으로 불린다. 그만큼 유래가 다양하다는 건가? 아버지는 백중날을 가리키는 여러 이름 가운데 '호미씻이'가 가장 마음에 든다고 하신다.

"여름내 흙을 묻히며 일하던 호미를 씻어 걸어 놓는다는 거 아니냐. 말만 들어도 기분이 좋구나."

백중날에는 마을 잔치를 벌이는데, 술과 몇몇 음식을 장만한데다 김 부자가 떡을 해 주어서 더욱 푸짐해졌다.

마을 사람들은 올해 농사에서 만득이 아저씨가 장원을 했다며 소에 태우고 마을을 한 바퀴 돌았다. 이번에도 으뜸 일꾼은 김 부자네 집 일꾼 가운데서 나온 것이다.

"김 부자는 복도 많아. 올해도 농사가 제일 잘된 모양이구먼."

"그래도 김 부자처럼 인심 좋은 사람이 잘되는 게 좋지, 뭐."

김 부자는 동네 사람들한테 인심을 많이 얻어서 그런지 함께 기뻐해 주는 사람이 많았다.

"그건 그래요. 황 부자 같은 사람은 잘돼 봤자……."

상수 형이 한마디 하려다 형네 아버지가 눈치를 주자 얼른 입을 다물었다. 황 부자네 일꾼이 가까이 보였던 것이다. 사람들은 상수 형이 무슨 말을 하려는지 알겠다는 눈짓으로 웃음을 주고받았다.

찌르르르 찌르르르.

츠츠츠 시르릇 특! 시르릇 특!

밤낮으로 울어 대던 개구리와 매미들은 처서가 지나면서 잠잠해지고, 바람 끝이 서늘해지면서 풀숲의 풀벌레 소리가 요란해졌다. 귀뚤귀뚤 귀뚜라미도 제철을 맞았다며 소란스럽게 울어 댔다.

처마 밑이며 마루 위에는 어머니가 겨울에 반찬으로 쓴다며 말리는 박고지와 호박고지가 서늘한 바람을 맞고 있다.

들판에 곡식이 익기 시작하자 잘 여문 알갱이를 새들이 먼저 알고 쪼아 댄다. 새들이 곡식 이삭을 먹지 못하게 지키는 일은 주로 우리 같은 아이들 차지다.

고지: 호박, 박, 가지, 고구마 같은 채소를 납작하게 썰어 말린 것.

어른들은 이 일이 힘을 별로 안 쓰는 거니까 우리도 할 수 있다고 하시지만, 하루 종일 들에 서서 새만 보고 있는 건 정말 지루하다. 한번은 새를 보다 말고 꾸벅꾸벅 졸고 있는데, 갑자기 할아버지 목소리가 들려왔다.

"어이쿠, 저것 좀 보게! 애써 키운 곡식을 새들이 다 먹고 있네."

할아버지가 훠이훠이 소리치시는데도 새들은 할아버지가 가까이 오지 못할 걸 아는지 벼 이삭에 앉아 날아갈 생각을 않았다. 아휴, 얄미운 새들 같으니.

새를 보다 어둑어둑해질 무렵, 달구랑 동철이랑 콩서리를 갔다. 이맘때면 5월 초에 파종한 콩이 누릇누릇 익어 가는데, 뿌리째 뽑아 모닥불에 구워 먹으면 달착지근한 게 얼마나 맛있는지 모른다.

입가며 얼굴이 시커메진 것을 보고 서로 낄낄대면서도 잇따라 콩을 까서 입에 넣는다.

"이놈들!"

그때 갑자기 벼락같은 호통소리가 들려왔다. 화들짝 놀라 고개를 들어 보니 종이 아버지가 떡 버티고 계시지 뭔가.

"곡식이 익으면 새들이 극성이더니, 여기는 사람 새가 있었군그래."
우리는 콩알을 입에 문 채 후다닥 꽁지가 빠지게 달아났다. 그런데, 아저씨는 별로 우리를 잡을 생각이 없으신가? 멀리 서서 허허 웃고만 계셨다.

세시풍속 열두마당

세시풍속 백과

❀ 칠석날 내리는 비는 견우직녀의 눈물

옥황상제의 손녀인 직녀와 하늘나라 목동인 견우는 함께 어울리는 데 정신이 팔려 일을 소홀히 하였다. 옥황상제가 크게 노하여 견우는 은하수 동쪽에, 직녀는 은하수 서쪽에 살게 하였다. 두 사람은 은하수를 건널 수 없어 서로 그리워하며 애

고구려 고분벽화 속의 견우와 직녀

를 태웠다. 이 사연을 들은 까마귀와 까치들이 해마다 칠석날이면 다리가 되어 둘을 만나게 해 주었다고 한다. 두 사람이 만남에 기뻐하고 헤어짐에 슬퍼하면서 흘리는 눈물 때문에 칠석이면 땅에는 비가 내린다고 한다.

❀ 칠석날 직녀에게 치성 드리기

칠석날 새벽에 여자들은 길쌈질이 늘고 바느질을 잘하게 해 달라고 직녀에게 치성을 드린다. 직녀가 하늘에서 길쌈을 담당하는 신이었기 때문이다.

칠석에는 하늘의 신이 내려와 들마다 곡식의 생산량을 정해 주는데, 사람이 나와 돌아다니면 생산량을 줄인다고 한다. 때문에 농부들은 집 안에서 조용히 기다린다.

🏵 이름도 많고 의미도 다양한 백중

백중에는 여러 의미가 있고, 그에 따라 이름도 다양하다. 우선, 여름내 쓰던 호미를 씻어 보관한다고 해서 '호미씻이'라고 한다. 여러 가지 과일과 채소가 나와 백가지 곡식의 씨앗을 갖추었다고 해서 백가지 종자라는 뜻의 '백종'으로도 부른다. 또 망친(죽은 부모)의 혼을 달래기 위해 술과 음식을 차려 놓고 천신을 드린다고 해서 '망혼일'이라 하고, 불교에서 지옥에 떨어진 영혼을 위해 불공을 드리는 일을 가리키는 '우란분회'라는 이름도 있다. 도교 신앙에서는 삼원 중 가운데 날짜여서 '중원'이라고 한다. 원(元)은 일 년에 3번 하늘의 관리가 인간의 선행과 악행을 조사해 상벌을 내리는 것으로 정월, 7월, 10월 보름에 있다.

밀양의 백중놀이

🏵 훠이 훠이 새를 쫓자

곡식을 쪼아 먹으려는 새들을 쫓기 위해 허수아비를 세우고 훠이훠이 소리도 질러 보는데, 태나 팡개 같은 도구도 쓴다. 태는 짚과 삼으로 머리를 굵게 꼬리는 가늘게 꼰 3미터 정도의 끈이다. 이것을 막대에 매달아 휘휘 휘두르다가 거꾸로 잡아채면 딱, 딱 소리를 낸다. 팡개는 대나무 토막 한 끝을 네 갈래로 갈라서 작은 막대를 '十'자로 묶은 것을 흙에 꽂으면 그 사이에 흙이나 돌멩이가 찍히게 되는데, 이 흙이나 돌멩이를 새에게 던진다.

새를 쫓는 데 쓰던 태와 참새들

팔月월

절기
백로
양력 9월 8일경으로, 한낮에는 햇살이 뜨겁지만 아침저녁으로 쌀쌀해져 풀잎 끝에 이슬이 맺힌다.

명절
추석 (한가위)
음력 팔월 보름으로, 오곡백과가 무르익기 시작한다. 햅쌀로 빚은 송편과 햇과일로 차례를 지낸다.

절기
추분
양력 9월 23일경으로, 밤과 낮의 길이가 같아진다. 푸르던 들판에 누런 빛이 돌기 시작한다.

아침저녁으로는 서늘하지만 한낮의 햇살은 여전히 따갑다.
이 햇살과 더위가 작물들에게는 귀한 보약이 된다.
한여름에 장마니 뭐니 해서 제대로 못 자란 작물들도
이때만 제대로 잘 지내면 충실하게 익을 수 있다.
뒷산에는 밤송이들이 툭툭 벌어지기 시작하고
저 혼자 달린 산열매들도 가을의 풍성함을 가득 담고 있다.

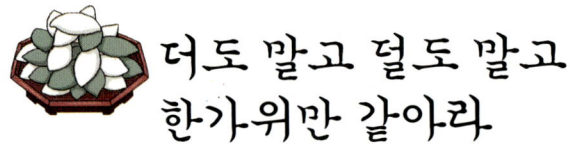 더도 말고 덜도 말고
한가위만 같아라

　짙푸르던 들이 하루가 다르게 누릇누릇해지고 있다. 대추가 발그레 얼굴을 붉히기 시작하고, 넝쿨 타고 지붕 위에 올라가 앉은 박이 두둥실 보름달 같다.
　종이가 포도를 한 소쿠리 들고 왔다. 올해 포도가 유난히 맛있게 익었다며 종이네 어머니가 보내신 것이다.
　"어이, 달다. 포도는 백로에서 한가위 사이가 맛있는 법이지. 그러고 보니 이제 곧 한가위로구나."
　할아버지가 먼저 맛을 보시고는 흡족한 얼굴로 말씀하셨다. 그러고 보니 밤하늘 달이 많이 둥글어졌다.
　"달이 차는 걸 보면 꼭 곡식알이 여무는 것 같지?"
　한가위 때 쓴다며 토란을 다듬던 어머니 말씀에, 일을 돕는다고 옆에 앉아서는 장난만 치던 학동이가 어머니를 물끄러미 바라보았다.

"저 달이랑 조그만 낟알이 같아요?"

"알차게 여무는 모습이 그렇다는 거지."

"아하!"

나는 어머니 말씀이 이해가 될 듯도 하고 아닌 것도 같은데, 학동이는 그 뜻을 정말로 안다는 듯이 고개를 주억거렸다.

울타리 밑에 심은 댑싸리가 학동이 키만큼 자랐다. 작년 가을에 싸리를 쪄서 매놓은 비가 있지만, 할아버지에게 댑싸리비를 새로 매달라고 했다. 마당비로야 싸리비가 제격이라지만, 내가 쓰기에는 좀 더 부드러운 댑싸리비가 좋다. 댑싸리는 비를 만들기도 쉬운데, 밑동을 통째로 베서 가지 부분을 끈으로 묶어 주면 끝이다.

들에는 여기저기 낫을 들고 다니는 사람들이 보인다. 올벼를 베어 송편을 만들기 위해서다. 우리 집에서도 올벼를 베어다 떡가루를 빻는데, 누나가 절구질을 하다 말고 큼큼 냄새를 맡았다.

"얘는, 절구질 하다 말고 뭐 하니?"

어머니가 물었더니 누나 대답이, 떡가루에서 가을 냄새가 물씬 난다나.

"난 노란 송편이 좋아."

내가 치자로 물들인 반죽을 가리키자 학동이는 쑥에 버무린 반죽을 집

싸리를 쪄서 : 싸리 가지를 가지런하게 베거나 뽑아서 묶어 두는 것을 싸리를 찐다고 한다.
올벼 : 제철보다 일찍 여무는 벼.

어 들었다.

"난 쑥떡이 맛있던데."

"송편을 예쁘게 빚으면 이담에 예쁜 딸을 낳는단다."

반죽을 주물럭거리고 있는데 어머니가 그새 송편을 몇 개 빚어 보여 주셨다. 학동이는 어머니가 빚어 놓은 송편을 물끄러미 바라보았다.

"정말이네! 어머니는 이렇게 송편을 예쁘게 빚으니까 누나처럼 예쁜 딸을 낳았나 봐요."

"그럼! 내가 처녀 때부터 송편 예쁘게 빚는다고 칭찬을 많이 들었거든."

학동이랑 어머니가 하는 말에 누나는 "어머니도 참." 하면서 얼굴을 붉혔지만 싫지는 않은 얼굴이었다.

빚은 떡 사이사이에 솔잎을 깔고서 찌니, 솔향기가 솔솔 풍겼다. 송편에 박나물과 토란국까지, 준비된 한가위 음식들을 보니 풍족함이 물씬 풍겼다.

한가위는 생각만 해도 모든 것이 넉넉하고 풍요로운 것 같다. 들과 산에는 오곡백과가 익어 마음을 여유롭게 하고, 날씨 또한 덥지도 않고 춥지도 않은 것이 더없이 좋다. "더도 말고 덜도 말고 늘 한가위 같기만 해라."는 말이 왜 있는지 알 것 같다.

한가윗날, 이른 아침에 차례를 지낸 다음 할아버지랑 아버지를 따라 성묘를 갔다. 한가위 성묘는 한식 성묘만큼 중요하게 여겨 빠트리지 않는 법이라 하셨다.

할아버지는 혹시 장맛비에 묘가 파인 곳은 없는지 이리저리 살펴보시고, 아버지는 여름내 자란 풀을 말끔하게 쳐내셨다. 묘 앞에 술과 과일을 차리고 절을 올렸다.

"조상님들 은혜를 생각하는 마음이야 늘 같다만, 한가위에는 모든 게 풍족하니 그 고마움이 더욱 크게 느껴지는구나."

할아버지는 차린 음식을 나누어 먹으며 어릴 적 이야기를 이것저것 들려주셨다. 특히 할아버지의 할아버지한테 귀여움 받던 이야기를 하실 때는 눈가에 이슬까지 맺히셨다.

할아버지의 할아버지라면 나한테는 고조할아버지가 되신다. 가까운 조상이지만 뵌 적이 없어서 별로 실감이 안 났는데, 할아버지한테서 이야기를 듣고 있으니까 나랑 직접 연결된 분이라는 생각이 진하게 느껴졌다.

집으로 돌아오는 길에 달구 할아버지 묘를 지나게 되었는데, 곳곳이 패이고 풀이 잔뜩 나 있었다. 할아버지는 그 앞에서 한동안 걸음을 떼지 못하셨다.

"무덤을 이렇게 내버려 두다니, 쯧쯧."

달구 아버지가 허구한 날 노름에 빠져 지내는 건 우리 같은 아이들도 다 아는 사실이다. 그래서 달구랑 달구 어머니는 굶기를 밥 먹듯 한다는 것도. 그런 달구 아버지가 조상들 묘를 돌볼 리가 없는 것이다.

"제가 풀이라도 좀 쳐야겠네요. 아버님은 아이들이랑 먼저 내려가시지요."

보다 못한 아버지가 낫을 꺼내 들었다.

"그 영감은 그래도 부자는 아니어도 먹고살 만은 했는데……. 달구 아범이 어쩌다 저 지경이 되서는, 쯧쯧."

할아버지는 혼잣말인 듯 혀를 차며 화난 얼굴로 발걸음을 떼셨고, 학동이와 나는 할아버지 기색을 살피며 얌전히 따라왔다.

성묘를 다녀오자마자 아이들이 모여 있는 곳으로 뛰어갔다. 달구도 와 있었는데, 추석이라고 새 옷을 해 입지는 못했어도 깨끗하게 빨아 말끔

세시풍속 열두마당

125

한 차림이었다. 달구 어머니라도 부지런하신 게 정말 다행이라는 생각이 들었다.

"이번에는 누가 원님을 하지?"

아이들이랑 원놀이를 하려고 역할을 나누는데, 나를 원님 역할로 추천해 주었으면 하는 마음이 굴뚝같았지만 아이들은 너도나도 학수더러 원님을 하라고 했다. 원님 역할이야 뭐 똑똑하고 공부를 많이 한 사람이 하는 거니까 학수가 하는 게 맞지 싶지만, 달구까지도 학수를 가리키니까 괜히 섭섭했다. 그래도 섭섭한 건 잠시뿐, 원놀이가 끝나고 옆 마을 아이들과 가마싸움을 할 때는 신이 나서 그런 건 싹 잊어버렸다.

놀이가 끝나고 집에 돌아갔더니 흙투성이가 된 옷을 보고 어머니가 혀를 끌끌 차셨다.

"훈장님이 차례 지내러 고향 가시니까 애들만 신났군그래."

어머니는 옷에 묻은 흙을 털어 내고 매무새를 고쳐 주시더니, 보자기로 꽁꽁 싸맨 닭 한 마리를 내미셨다. 건넛마을 정 선비님 댁에 갖다 드리라는 것이었다.

봄에 알을 깨서 키운 병아리들이 토실토실 잘 컸다 싶었는데, 그 가운데 한 마리는 도성 사는 김 생원 할아버지께 명절 선물로 보냈고, 또 한 마리를 정 선비님 댁에 드리는 것이다.

"매번 책을 빌려다 읽은 은공을 닭 한 마리로 갚을 수야 있겠느냐만, 그래도 마음을 보이는 게 중요한 게지."

할아버지는 정 선비님께 전해 드리라며 편지를 한 장 주셨다. 심부름이 귀찮기는 했지만, 그래도 할아버지랑 함께 가는 것보다는 낫다. 할아버지가 가시면 보나마나 정 선비님이랑 늦게까지 책 이야기를 나누실 텐데, 그동안 나는 심심해서 몸이 꼬일 지경이니 말이다.

"그렇게 곱게 단장하고 어딜 가시나?"

집 앞 골목에서 명돌 어머니를 보고 어머니가 반갑게 물으셨다. 아직 돌도 안 된 명돌이가 제 어머니 품에 안겨서 인절미를 오물거리고 있는데 여간 귀엽지 않았다.

"솔고개에서 명돌이 외할머니를 만나기로 해서요."

"반보기를 가는 모양이구먼. 좋겠네그려."

"집까지 가는 것도 아니고 중간에 잠시 만나는 건데요, 뭐."

명돌 어머니는 말은 그렇게 하면서도 얼굴에는 설레는 빛이 역력했다. 명돌 어머니는 친정어머니께 드릴 선물로 개도 한 마리 잡고 인절미에 술까지 장만했다며 배시시 웃었다.

명돌네는 목화며 담배 농사가 잘돼서 살림이 질번질번하다고 동네에서 부러움이 컸는데, 쇠등에 앉아 가는 명돌 어머니 모습에 여유로움이 묻어났다.

질번질번하다 : 살림이 모자람이 없이 넉넉하고 윤택하다.

한가위 후에도 날씨는 계속 청명하고, 명랑한 가을 햇살에 목화솜이 툭툭 터졌다. 몽실몽실 피어오르는 흰 솜이 백설인가 구름인가 싶게 풍성했다.

"목화는 꽃이 두 번 핀다는 말이 괜히 나온 게 아니라니까."

누나가 폭신한 목화솜을 툭툭 꺾어 내며 콧노래를 흥얼거렸다.

목화송이가 익는 대로 따느라 어머니랑 누나는 날마다 다래끼를 들고

다래끼 : 대, 싸리, 칡덩굴 따위로 아가리가 좁고 바닥이 넓게 만든 바구니.

목화밭을 드나들었다. 목화솜을 이삼 일 잘 말린 다음에 방 안에 들여놓는데, 사이사이 고추도 따서 말렸다. 흰 목화송이와 붉게 익은 고추가 가을꽃인 양 마당을 수놓고 있다.

할아버지랑 아버지는 추수 전까지 틈이 날 때마다 땔감을 준비하러 부지런히 산에 다니셨다.

"으름이 아주 잘 익었더구나."

나무를 하고 오시는 아버지 지게에는 꼭 산과일이 함께 실려 있곤 했다. 만물이 무르익는 건 들판이나 산이나 같은가 보다.

나도 서당에 다녀온 뒤에는 친구들이랑 나무를 한다며 뒷산에 가긴 하지만, 나무를 하는 시간보다는 산열매 찾아다니는 시간이 더 많다.

머루며 다래만 실컷 따먹다 땔감은 얼마 하지도 못하고 돌아오는데, 동네 아저씨들이 논을 바라보며 두런두런 이야기를 나누고 계셨다.

"벼를 보니 거둘 때가 다 된 것 같으이."

"막바지에 별일 없이 풍성한 가을걷이가 돼야 할 텐데……."

"그러게. 몇 해 전에도 추수 직전에 날씨가 변덕을 부리는 바람에 일 년 농사를 망치지 않았나."

"그래서 이맘때면 늘 마음을 졸이게 된다니까."

사람들 마음을 아는지 모르는지 들판은 황금빛으로 일렁이는데, 올해도 풍년이라고 노래하는 것만 같았다.

세시풍속 백과

❀ 한가위가 추석보다 오래된 말

한가위, 추석, 중추절은 모두 8월 보름을 나타내는 말이다. 한가위에서 '한'은 크다, '가위'는 가운데를 뜻한다. 8월 중에서도 한가운데라는 뜻이다. 한가위라는 말을 고대부터 썼던 데 비해 추석이란 말은 조선 후기에야 쓰이기 시작했다. 가을이 무르익는 좋은 시절이라는 뜻의 중추절, 중추가절도 후대에 쓰인 것이다.

햇곡식으로 차린 추석 차례상

❀ 왜 솔잎을 넣고 떡을 찔까

한가위 절식(명절에 따로 차리는 음식) 중에서도 으뜸은 햅쌀로 빚은 송편이다. 아직 본격적인 추수철은 아니지만 새로 익은 곡식을 조상님께 먼저 바치기 위해 올벼를 베어 만든다. 송편에서 '송'은 소나무를 뜻하는 글자이다. 솔잎을 깔고 떡을 찌기 때문인데, 이렇게 하면 차진 떡들이 서로 들러붙지 않고 독특한 솔향이 배어 들어간다. 또 솔잎에 있는 피톤치드라는 살균 물질 덕에 떡이 쉬 변하지 않는다.

솔향이 배어들어 더욱 맛있어 보이는 송편

🌸 학동들이 즐겨 놀던 원놀이와 가마싸움

원놀이는 아이들 중 한 명이 고을 원(사또)이 되고 나머지 아이들은 백성이 되어 재판 흉내를 내는 것이다. 과거 급제와 벼슬살이를 꿈꾸는 서당 아이들의 모의재판 놀이인 셈이다.

가마싸움은 마을 대항전이다. 나무로 얼기설기 가마를 만들어서 서로 부딪치며 싸우다 가마가 부서지면 진다. 이긴 마을에서 과거급제자가 나온다는 말이 있어 제법 치열하게 싸운다.

🌸 중간에서 만나는 반보기

추석을 쇠고 나면 여자들은 모처럼 보고 싶은 사람을 만나러 외출한다. 주로 친정어머니를 만나러 가는 것인데, 옛날에는 시집간 여자는 마음대로 친정에 가면 안 된다고 생각했기 때문에 집까지 못 가고 중간에서 만났다. 도중에 만나 마음껏 회포를 풀지 못하고 반만 풀었다고 해서 반보기라고 한다.

한가위에는 여자들끼리 이웃 마을 여자들과 함께 경치 좋은 곳을 찾아 친목을 다지기도 했다. 이때 소녀들도 어머니를 따라 왔기 때문에 자연스럽게 며느릿감을 고르는 자리가 되었다.

구 九月

절기 한로
양력 10월 8일경으로,
공기가 차가워져 찬이슬이 맺히기 시작한다.

명절 중양절
음력 9월 9일로,
숫자 9가 겹쳐 중구라고도 한다. 국화전을 지지고
국화주를 마시며 가을을 만끽한다.

절기 상강
양력 10월 23일경으로,
서리가 내리기 시작한다. 농작물이 서리를
맞기 전에 서둘러 거둬야 한다.

들판에는 온통 황금빛 물결이 넘실거리고,
산과 들을 물들인 단풍이 가을바람에 춤을 춘다.
다 익은 콩꼬투리가 제풀에 툭툭 터지고,
잘 익은 조 이삭·수수 이삭이 푸른 하늘 아래 풍성하다.
서리가 내리기 전에 가을걷이를 마치려고 발걸음이 바쁘고
마음은 더욱 분주하게 앞서간다.
농사를 잘 지었으면 잘 지은 대로, 못 지었으면 못 지은 대로
여름내 기른 것들을 거두느라 모두가 정신없이 바쁘다.

풍년가 울려 퍼지는
가을 들판에

9월 9일 중양절이 되자 햅쌀밥을 지어 조상님께 감사드리는 천신을 올렸다.

"조상님들이 보살펴 주셔서 올해도 풍년이 들었습니다."

할아버지는 조상님들께 햅쌀밥을 올리는 일로 보자면, 한가위보다는 중양절이 더 때가 맞다고 말씀하셨다. 한가위 때 올벼를 거두어 차례를 지내기는 하지만, 벼들이 제대로 익는 건 중양절은 돼야 하기 때문이다. 또 이맘때가 되면 곡식이 익는 것은 물론, 뒷산이 울긋불긋 물들기 시작하면서 진짜 가을 분위기가 물씬난다.

"허허, 국화가 참 탐스럽게 피었구나."

할아버지가 틈틈이 가꾸시던 울 밑의 국화가 꽃봉오리를 열기 시작하며 가을 기분을 더욱 짙게 만든다.

　참 신기하기도 하지. 찬바람에 다른 풀들은 시들시들 기운을 잃기 시작하는데, 국화꽃은 외려 향기가 더욱 그윽해지면서 고고한 모습을 뽐내니 말이다.

　"원래 중양절을 제대로 즐기려면 말이다, 국화로 만든 화전에 국화주를 마시며 국화를 감상해야 하는 법인데……."

　할아버지는 뭔가 아쉬운 듯 입맛을 "쩝!" 다시셨다. 국화전이라는 말에 학동이도 귀가 솔깃한 것 같았다.

　"와! 중양절은 국화로 가득한 날이네요."

　"그럼. 우리 학동이가 뭘 좀 아는구나, 허허."

세시풍속 열두마당

"김 생원은 단풍놀이나 다녀왔나 모르겠구먼그래."

할아버지가 먼산바라기를 하며 중얼거리셨다.

"할아버지는 참, 중양절에는 국화 놀이를 하는 거라면서요?"

"그거야 그렇지. 하지만 국화만큼 단풍 구경도 좋거든."

할아버지 말씀이 아니더라도 난 사실 국화보다는 붉고 누렇게 물드는 단풍이 더 마음에 든다. 온산을 물들인 단풍든 나뭇잎이며 검게 붉게 익은 열매들을 보면 봄철 꽃보다 예쁜 것 같다.

국화며 단풍 이야기를 한참 하며 즐거워했지만, 사실 중양절 무렵이면 추수에 바쁜 계절이다. 마음은 굴뚝같지만 단풍에 취할 틈이 없는 것이다.

어느새 들판에는 벼를 베는 낫질 소리가 가득했다. 사람들이 벼 사이사이에서 허리를 구부렸다 폈다. 낫질하는 모습이 마치 황금물결 속에서 자맥질을 하는 것 같았다.

벼를 벨 때는 여러 가족이 모여 한 집씩 돌아가며 차례로 한다. 이러면 각자 자기네 벼만 베는 것보다 훨씬 빠르고 신명도 난다.

우리 벼를 베는 날에는 아침부터 식사며 새참 준비를 하느라 부엌이 북적거리고 덩달아 학동이랑 나까지 들썩거렸다.

"정말이지, 부지깽이라도 나서서 도와줬으면 좋겠네."

자맥질 : 물속에서 팔다리를 놀리며 떴다 잠겼다 하는 일.

꼭두새벽부터 해질 때까지 숨 돌릴 틈도 없이 일에 쫓기던 아버지가 새참 바구니를 받으며 중얼거리셨다.

"이럴 땐 내 몸이 열 개쯤 됐으면 좋겠어."

"무슨 소리? 아마 열 개 갖고도 모자랄걸."

아버지랑 종이 아버지가 주거니 받거니 하시는데 상수 형네 아버지가 팔을 홰홰 내저으셨다.

"그런 소리들 말게. 그럼 일을 열 배나 더 하게?"

"그런가? 어이쿠 방금 그 말 취소, 취소!"

하하하 껄껄껄 웃음소리가 황금빛 들판 위로 쏟아졌다.

가을에는 벼만 익는 게 아니다. 물론 가장 중요하고 급한 건 벼를 베는 거지만, 콩이며 팥·조·수수 같은 잡곡도 거두어야 하고, 호박·고추·고구마 같은 채소들은 서리가 내리기 전에 거두어야 하니까 논으로 밭으로 바쁜 걸음이 이어졌다.

콩 줄기를 베서 쌓다 보면 꼬투리가 터져서 콩이 여기저기 흩어지는데, 이때 땅에 떨어진 콩을 줍는 것은 나랑 학동이 몫이다.

"아이고 우리 학동이도 이제 단단히 제몫을 하는구나."

"학동이도 일곱 살이면 제몫을 할 나이가 되긴 했지."

아버지랑 종이네 아저씨는 학동이를 보고 기특하다며 칭찬을 해주셨다.

잡곡은 베서 마당에 쌓아 두었다가 틈나는 대로 도리깨질을 하면 되고, 우선은 벼 타작을 서둘러야 했다.

볏단을 집으로 들이고 마당을 깨끗이 치운 다음 타작마당을 차렸다.

타악!

탁!

벼 이삭 두드리는 소리에 이어,

후두두둑.

툭, 툭.

낟알 떨어지는 소리가 들려온다.

"으엿차!"

볏단을 그러안고 힘껏 태질하는 아버지 팔에 힘이 넘쳤다.

어머니랑 누나는 키질을 하며 티끌들을 골라내느라 온통 검부러기와 먼지를 뒤집어쓰고 있다. 종이도 제 어머니 옆에서 함께 키를 까부르는데 손놀림이 제법 익숙했다. 할아버지는 훑어 낸 낟알을 섬에 담고 멀리 튀어 나간 낟알들을 비로 쓸어 모으며 마무리를 하셨다.

"점심들 드세요."

어머니와 누나가 언제 부엌에 들어갔는지 점심을 내오는데 상이 아주 풍성했다. 새우젓을 넣은 계란찌개에 배춧국을 끓이고 무나물과 고춧잎

섬 : 곡식을 담기 위해 짚으로 엮어 만든 그릇.

장아찌도 곁들였다. 어른들은 술도 한 잔씩 하셨는데, 어찌나 달고 맛나게 드시는지 나도 한번 먹어 보고 싶은 생각이 들 지경이었다.

"저 볼록해진 섬을 보니까 내 배도 부른 것 같아."

"저걸 보면 여름에 그 고생을 했던 게 싹 잊혀진다니까그래."

타작은 해가 이울도록 계속됐다. 새벽부터 일을 했으니 지칠 만도 하건만, 수북수북 쌓이는 낟알들 앞에서는 그 힘든 것도 싹 잊히는 것 같았다. 하긴, 이 가을에 타작할 게 얼마 안 돼서 일이 금세 끝나 버리면 그게

〈벼 타작〉_김홍도

더 힘든 일일 것 같다.

　벼 타작이 끝나는 대로 잡곡들을 하나씩 털어 냈다. 줄기째 베어서 말린 콩을 도리깨로 내려치니 투두둑 꼬투리 터지는 소리가 요란했다. 줄기와 빈 꼬투리는 나중에 불쏘시개로 쓰면 되니까 한쪽에 치워 두고, 바닥에 떨어져 있는 콩알들을 쓸어 모았다.

　조를 타작할 때가 되자 아버지가 이마를 찌푸리셨다.

　"조바심만 하려면 괜히 마음이 초조하다니까."

　조는 바심을 하려면 여간 성가신 게 아니다. 잡곡을 바심할 때는 보통 도리깨로 후려치면 되지만, 조는 껍질이 질겨서 두드리는 걸로는 잘 되지 않는다. 애써서 비비고 문지르고 해야 하는데, 그래도 잘 안 될 때가 많아 마음만 급해지곤 한다.

　그래도 콩이며 팥, 수수 같은 곡식들이 담긴 자루들을 보니 금세 마음이 푸근해졌다.

　타작이 끝난 뒤 할아버지는 곡식들을 이리저리 나누셨다.

　"복동아, 잘 봐 둬라. 우선, 가장 실하고 좋은 것들은 볍씨로 남겨 두어야 한다. 이게 없으면 내년 농사를 지을 수 없으니 어떤 일이 있어도 잘 보관해야 해. 예로부터 농부는 볍씨를 베고 굶어죽을지언정 먹지 않는다고 했다."

　조바심: 조의 이삭을 떨어 내는 일. 바심은 타작과 같은 말이다.

할아버지 말씀이 이해가 될 듯도 하고 아닌 듯도 했지만 고개를 끄덕거렸다. 할아버지는 내년 추수 때까지 제사에 쓸 것도 따로 보관하셨다.

"제상에 올리는 밥은 물론이고 술과 떡, 과자도 만들어야 하니까 이 곡식은 넉넉히 담아 두어라."

할아버지는 세금으로 낼 곡식도 챙겨 놓으셨는데, 이렇게 저렇게 제하고 나니 그 많아 보이던 곡식이 얼마 안 남았다.

'저걸로 내년까지 우리 식구가 먹을 수 있나?'

고개가 갸웃거려지는데 할아버지는 올해 다행히 풍년이 들어 내년 보리 수확 때까지는 어떻게든 지낼 수 있을 거라며 흡족해 하셨다.

추수가 끝났으니 한가해질 법도 하건만 들에는 여전히 바쁜 발걸음들이 이어졌다. 집집마다 볏짚을 모으고, 된서리가 오기 전에 목화송이를 모두 따느라 종종걸음이다.

아버지를 따라 마당 한쪽에 볏짚 쌓는 일을 했다.

"누렁아, 겨우내 네가 먹을 밥이야."

학동이가 마당의 볏짚을 바라보며 외양간 누렁이에게 말을 건넸다.

"그러고 보니 이게 누렁이 밥도 되는구나. 알곡은 우리가 먹고 볏짚은 누렁이가 먹고."

아버지가 고개를 끄덕거리며 누렁이 등을 쓰다듬어 주시는데, 학동이가 볏짚을 들고 이리저리 보면서 고개를 갸웃거렸다.

"이 짚이 없었으면 누렁이는 겨울에 뭘 먹고 살았을까?"

정말, 그렇네. 그럼, 풀이 시들기 전에 쇠꼴을 잔뜩 해서 말려 놓아야 하는 건가? 누렁이가 겨우내 먹을 풀을?

"아휴, 이 짚이 아니었으면 큰일 날 뻔했네."

생각만 해도 아찔하다는 표정으로 고개를 살래살래 흔들었더니, 아버지가 껄껄껄 웃으셨다.

하지만 짚이 있다고는 해도, 들판에 풀이 다 마르기 전까지는 열심히 꼴풀을 베다 날라야 한다. 짚보다는 풀이 누렁이 먹기에 더 좋기도 하거

니와, 짚으로는 누렁이 줄 쇠죽 말고도 여기저기 쓸 데가 많으니까.

　씨르릉 씨르릉.
　아침저녁으로 어머니랑 누나가 돌리는 씨아 소리가 집안을 가득 채운다.
　씨아가 돌아가면서 툭툭 떨어지는 목화씨를 모으니 금세 바구니가 한 가득이다. 어머니가 손길을 멈추고 목화송이 하나를 유심히 바라보더니 빙그레 웃으셨다.
　"목화도 참 생각할수록 신통하지? 실을 뽑아 옷감 짜지, 겨울에는 따뜻한 솜도 쓰지, 게다가 씨로는 기름까지 짜니 말이야."
　그러더니 문득 문밖을 내다보며 짧게 한숨을 쉬셨다.
　"간신히 일을 마무리하고 한숨 돌리나 했더니 어서 겨울 준비 하라고 찬바람이 부는구나."
　어머니 말에 대답이라도 하듯 뒤뜰에서 오동잎 떨어지는 소리가 "툭!" 하고 유난히도 크게 들려왔다.
　"저 소리가 바로 가을이 깊어지는 소리로구나."
　할아버지가 창을 열고 뒷마당을 내다보시는데 그 모습이 왠지 쓸쓸해 보였다. 열린 창틈으로 들어오는 바람이 유난히 차게 느껴졌다.

꼴풀 : 말이나 소에게 먹이는 풀로, 흔히 '꼴'이라고 한다.

세시풍속 백과

❁ 중양절은 가을을 만끽하는 명절

중양절은 음력으로 9월 9일, 양의 기운을 가진 숫자가 겹쳤다고 해서 '중양(重陽)'이다. 3월 3일 삼짇날과 5월 5일 단오도 양의 수가 겹치는 날이지만, 중양이라고 하면 9월 9일을 말한다. 9자가 겹친다고 해서 '중구'라고도 한다. 햇곡식을 먼저 따서 조상님께 바치는 명절이 추석이라면, 중구에는 제철에 무르익은 곡식으로 차례를 지낸다. 중양절은 마침 가을이 한창이라 국화꽃 구경이며 단풍놀이를 많이 즐기고, 선비들은 특히 시 짓기를 즐겼다.

❁ 볏단을 두드려 낟알 떨어내기

벼를 베면 그 자리에서 한 단씩 묶어 20일쯤 말린 뒤 타작을 한다. 줄기에서 곡식알만 따로 떼어 보관하는 것이다. '타작(打作)'은 글자 그대로 때리고 두드리는 일이다. 볏단을 번쩍 들었다가 개상에 메어치면 낟알이 후드득 떨어진다. 개상은 굵은 통나무 네댓 개를 묶고 다리 네 개를 박아 만든다. 개상 대신 나무절구를 뉘어 놓거나 넓적한 돌을 올려놓고 쓰기도 한다. 이 돌을 탯돌이라고 한다.

댓가지나 회초리를 집게처럼 묶은 뒤 그 사이로 벼이삭을 끼우고 잡아당기는 훑이(홀태)도 썼다. 훑이는 빗 모양으로도 만든다.

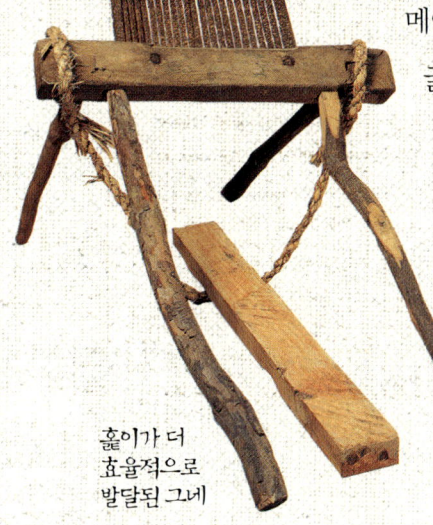

훑이가 더 효율적으로 발달된 그네

생활 곳곳에 쓸모가 많은 짚

벼에서 낟알을 떨어내고 남은 짚은 쓰임새가 많았다. 웬만한 물건은 짚으로 만들어 썼다. 곡식을 담는 섬, 물건을 담아 어깨에 메고 다니는 망태기, 흙이나 거름을 담아 나르는 삼태기 등 모두 짚을 엮어 만든다. 멍석 같은 자리도 짚으로 만들고, 가늘건 굵건 줄은 새끼를 꼬아 만든다. 또 신발도 짚으로 엮었고, 비오는 날 망토처럼 걸치는 비옷인 도롱이도 짚으로 만든다. 지붕을 덮는 이엉도 짚으로 엮는다.

풀이 시들어 버린 겨울철에는 소여물을 대신하고, 짚을 그대로 썩히면 거름으로 쓰인다. 벼는 의식주 모두를 해결해 준 팔방미인이었던 셈이다.

짚으로 만든 여러 가지 물건들

열매는 솜으로 쓰고 씨앗은 기름 짜고

가을 내내 수확해서 잘 말린 목화송이는 먼저 씨아를 이용해 씨를 빼낸다. 씨아 윗부분에 마주 돌아가는 나무가 있어 그 사이로 목화솜을 밀어 넣으면 솜만 빠져나가고 씨는 아래로 떨어진다.

목화씨로는 기름을 짠다. 면실유는 음식을 만들 때 식용유로 쓰고, 등잔불을 밝히는 데도 썼다. 지금도 면실유를 마가린이나 비누의 원료로 이용하고, 참치 통조림에 들어 있는 기름도 대개 면실유이다.

목화씨를 빼내는 씨아

시월

절기 입동
양력 11월 8일경으로, 겨울이 시작되는 때이다. 가을걷이를 마무리하고 겨울 채비에 들어간다.

명절 상달고사
음력 10월은 예로부터 신성한 달이라 해서 상달이라고 했다. 좋은 날을 골라 집안의 안녕을 빌며 가신들에게 고사를 지낸다.

절기 소설
양력 11월 22일경으로, 겨울답게 눈이 내리며 얼음이 얼기 시작한다.

스산하게 부는 바람에 나뭇잎이 떨어지며 가을의 끝을 보이고,
그 낙엽 위로 허옇게 서리가 덮이며 겨울을 알린다.
차가운 공기에 코끝이 제법 싸하다.
가을걷이가 끝나고 몸도 마음도 가벼운 때이지만
겨우내 먹을 김장 준비다 땔감 마련이다 해서
이것저것 겨울날 준비를 하느라 다시 바빠지는 때이다.

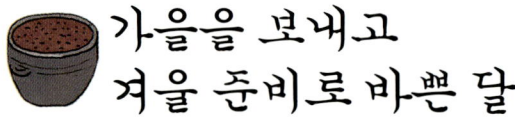 가을을 보내고
겨울 준비로 바쁜 달

"떼끼! 성주신께 드릴 건데 먼저 건드리면 부정 타."

어머니가 초사흗날 상달고사를 지내려고 막걸리를 담그고 시루떡을 찌셨다. 그런데 학동이가 시루떡을 찌는 어머니 옆에서 팥고물을 집어먹다 야단을 맞은 것이다.

어머니는 시루떡을 막걸리와 함께 집 안 곳곳에 놓고 두 손을 비비며 정성껏 비셨다.

"감사합니다. 덕분에 올해도 식구들 모두 아무 탈 없고 농사도 풍년이 들었습니다. 내년에도 잘 보살펴 주시고, 식구들 모두 건강하게 해 주십시오."

어머니 심부름으로 달구네 집에 떡을 주러 갔는데, 순례도 떡을 들고 나타났다.

"어머니가 고사떡을 돌리는데 달구네 먼저 갖다 주라셔."

어려운 달구네를 생각하는 건 우리 어머니나 순례네 어머니나 같은 마음인가 보다.

그런데 떡을 보면 좋아할 달구가 보이지 않았다. 방 안에 그릇을 내려놓고 달구를 찾아다니다 보니, 김 부자네 집 쪽에서 챙챙 닐리리 풍악 소리가 들려왔다.

"어? 김 부자는 무당까지 불러서 판을 크게 벌였나 보다."

"와! 구경 가자."

신이 나서 김 부자네 집으로 달려가니 달구는 이미 앞자리를 차지하고 앉아 굿을 보고 있었다. 그러고 보니 동네 사람들이 죄 모여 있는 게 아닌가.

쟁강쟁강 칭칭칭 신명나는 음악 소리와 함께 무당이 덩더쿵덩더쿵 춤추는 모습도 별난 구경거리거니와, 인심 좋은 김 부자는 고사가 끝난 뒤 떡이며 음식을 푸짐하게 나누어 주기 때문이다.

"김 부자는 지금도 이렇게 잘사는데, 더 잘살게 해 달라고 비는 모양

세시풍속 열두마당

일세."

"사람 욕심이야 끝이 있는가?"

"아무렴 어떠냐. 우리는 굿이나 보고 떡이나 먹으면 되지, 허허."

"무당을 보면 미신이라며 외면하는 선비님네 중에도 고사를 지내는 집이 있다지 않나? 잘살기 바라는 마음에 빈부귀천이 따로 있으려고?"

굿판이 잘 보이는 자리를 찾아 서성이는데, 사람들 말소리 속에 언제 오셨는지 어머니 목소리가 들렸다.

"종이네는 김장 언제 할 거요?"

"이번에는 학동이네가 먼저 하고 우리가 뒤에 할까요?"

어머니가 동네 아주머니들을 만난 김에 김장 날짜를 맞추고 계신 거였다.

가을 햇살이 청랑하던 날, 아버지랑 동네 아저씨들이 냇가에 무와 배추를 산더미처럼 쌓아 놓고 씻기 시작하셨다. 겨우내 먹을 김치를 담그려니 배추가 수백 포기에 무도 필요하고 거기에 들어가는 양념까지 하면 채소가 어마어마하게 많이 필요하니까 아예 냇가에서 씻고 절이는 것이다.

그동안 어머니들은 생강이며 파, 마늘 같은 양념을 갖추고 계셨다. 가을 햇살에 잘 말려서 빻은 고춧가루는 옆에만 가도 매운 냄새가 폴폴 풍겼다.

소금물에 잘 절여서 씻어 낸 배추에 온갖 양념으로 만든 속을 넣고 쓱싹쓱싹 버무리니 맛난 김치가 만들어진다.

"복동이도 김치 속 좀 먹어 볼래?"

어머니가 배춧잎을 쭉 찢어 양념을 싸서 주시는데, 아삭하게 씹히는 배추며 매콤하고 달달한 양념이 정말 맛있다.

"후후, 매워요."

맵다고 입을 호호 불면서도 몇 번을 받아먹었다.

김장은 꼬박 하루가 지나서야 끝났다. 어머니는 김치를 항아리에 차곡차곡 담아 땅에 묻으시고, 맛보라며 이웃집에 골고루 김치를 돌리셨다.

"이제 겨울 준비는 다한 것 같아요."

김치광을 바라보는 어머니의 얼굴에 흐뭇한 미소가 번졌다.

어머니는 다음날에는 종이네 집에 가서, 그다음에는 순례네 집에 가서 김장을 거들고 오셨다. 그러면서 틈틈이 시래기를 엮으셨다. 김치를 담기엔 억세지만 성한 배추 겉잎과 무청 중에서 실한 것을 골라 놓았다가 새끼줄로 엮는 것이다. 처마 밑에 매달아 잘 말린 시래기는 볶거나 국을 끓여 먹으면 그것대로 또 맛이 좋다.

어머니는 "김장을 하면 삼동 걱정은 던 것"이라고 하셨지만, 집을 손

삼동 : 겨울의 세 달을 이르는 말.

보는 것도 큰일이다.

할아버지는 가을걷이 후 챙겨 둔 짚으로 이엉을 엮으셨다. 이엉을 촘촘하면서도 가지런하게 잘 엮어 놓으니 지붕이 반듯하고 보기 좋게 올라갔다.

"달구네가 올해는 지붕을 새로 했나 모르겠구나."

아버지와 함께 지붕을 올리시던 할아버지가 문득 눈길을 달구네로 돌리셨다.

"며칠 전에 보니 달구 아버지가 이엉을 엮고 있던데요."

구멍 난 문에 창호지를 바르던 누나가 대답하는데, 어머니가 옆에서 혀를 끌끌 차셨다.

"달구 아범이 정신차렸나 했더니만, 어제 보니 반쯤 엮다 말았더라. 대체 어쩌자고 그러는지……."

어머니는 고개를 절레절레 흔들며 부엌으로 들어가셨다.

어머니는 한참 있다 나오셨는데 먼지와 재를 잔뜩 뒤집어쓰고서도 얼굴이 밝으셨다.

"아궁이 청소를 해 버렸더니 속이 다 시원하구나. 아궁이 불이 제대로 안 빠지는데도 바빠서 손도 못 보고 어찌나 답답하던지……."

어머니 말에 화답이라도 하듯 아버지가 뒤뜰에서 장작을 한 아름 안고 오셨다.

"그럼 어디 집손질도 끝났겠다 제대로 불 한번 때봅시다."

어머니가 장작을 받아들고 부엌에 다시 들어가시더니 타닥타닥 나무 타는 소리가 들리고, 이어서 구수한 밥냄새도 풍겨 왔다.

아버지는 헛간에서 멍석을 꺼내 외양간 앞에 바람막이를 매달고 누렁이 등에도 덮어 주었다.

"겨울에 어디 사람만 추운가?"

아버지가 중얼거리는 말을 알아듣기라도 했는지 누렁이가 "음머~."

멍석 : 짚으로 결어 네모지게 만든 큰 깔개. 보통 곡식을 널어 말리는 데 쓰고, 마당에 깔고 손님을 모시는 데 쓰기도 한다.

하고 대답을 했다.

　누나가 저녁 먹은 걸 치우러 나간 사이 어머니는 물레를 꺼내 돌리셨다.

　스르릉스르릉 드르륵 들들들.

　물레 끝에 연결된 고치에서 가늘게 실이 뽑아지면서 물레바퀴에 감겨 들어갔다.

　지금까지도 가끔씩 듣곤 했지만 이제 겨울에는 하루 종일 물레 소리며 베틀 소리를 듣게 될 터였다.

　"바람이 제법 맵차네요. 후, 후!"

　누나가 손이 시린지 두 손을 호호 불며 들어왔다.

　"그러게. 손돌바람이 부나? 그러고 보니 김장이다 집 손질이다 동동걸음을 하는 새에 시월도 거의 다 갔구나."

　"해도 많이 짧아졌어요."

　누나는 그새 바느질거리를 찾아 들더니 어머니 옆에 앉아 손을 움직이기 시작했다.

　"한래서왕! 찰 한, 올 래, 더울 서, 갈 왕! 추위가 오면 더위가 간다.

　추수동장! 가을 추, 거둘 수, 겨울 동, 저장할 장! 가을에 곡식을 거두고 겨울이 오면 저장한다."

　난데없이 학동이가 책을 읽기 시작했다.

고치 : 실을 뽑으려고 만들어 놓은 솜방망이.

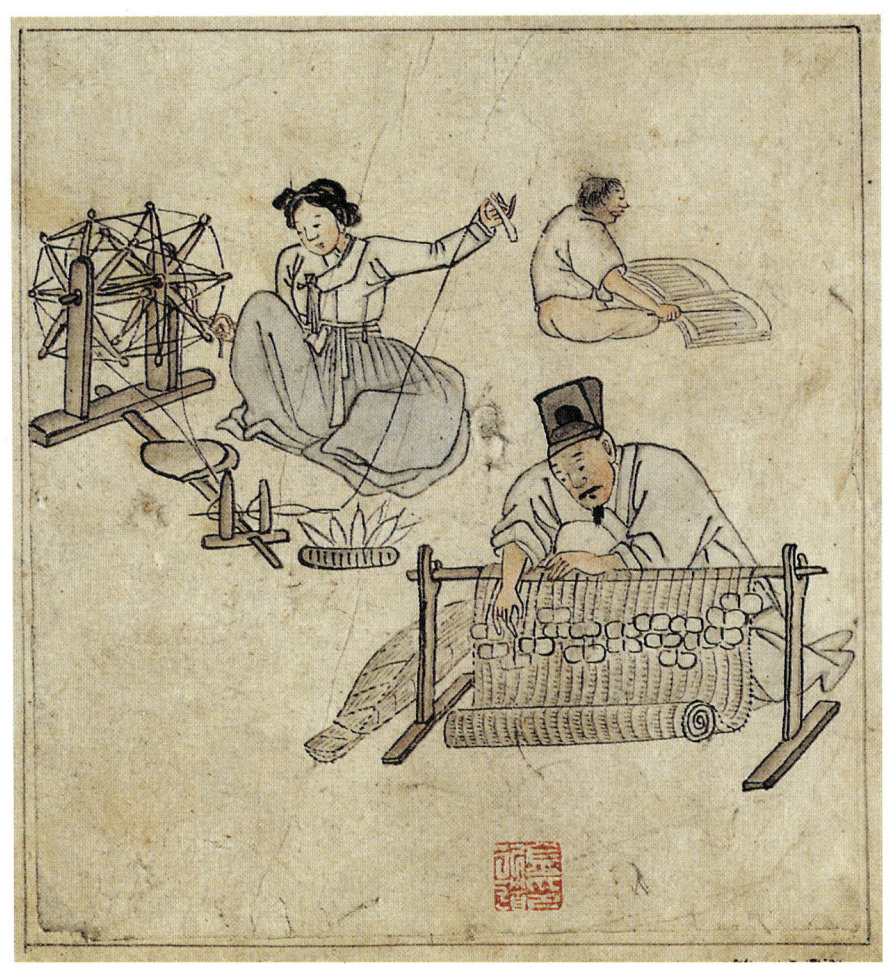

〈자리짜기〉_김홍도

"나는 학동이 책 읽는 소리가 세상에서 제일 듣기 좋구나."
"어머니 물레 돌리시는데 학동이가 장단을 척척 맞춰 주네요."
어머니와 누나가 번갈아 칭찬을 했더니 신이 난 학동이는 더 큰 소리로 책을 읽어 내렸다. 그래 봤자 고작 천자문을 읽으면서 말이다. 크.

스르릉, 스르릉.

어머니 물레 소리와 학동이 책 읽는 낭랑한 소리가 장단을 맞추는가 싶더니 웬걸?

"콜~콜."

어느새 학동이는 어머니 무릎을 베고 잠이 들었다.

"우리 학동이는 재주도 좋지. 아까는 책 읽는 소리로 장단을 맞추더니 이제는 콜콜 자는 소리로 장단을 맞추네."

아버지 말씀에 모두 하하하 웃음을 터뜨렸다.

세시풍속 백과

❁ 가장 좋은 상달에 지내는 고사

시월은 일 년 중 가장 좋은 달이라 해서 '상달'이라 한다. 한 해 농사를 마무리하고 하늘에 감사를 드리니 신과 인간 모두 흡족한 때라는 것이다. 예로부터 시월에는 부여의 영고나 고구려의 동맹처럼 추수에 감사드리는 의식이 거행되었다.

고사를 지내는 모습

민간에서도 상달이면 추수를 무사히 마친 것에 감사드리고 집안의 안녕을 비는 고사를 지냈다. 상달고사는 보통 10월 3일에 지내고, 집 안 곳곳에 술과 떡을 차려놓고 두 손을 비비며 비는 식으로 소박하게 지냈다. 형편이 되는 집은 무당을 불러 굿을 크게 벌이고 이웃과 떡을 나누어 먹었다.

❁ 집을 지키는 신들

상달고사를 지내는 대상은 가신(家神)들이다. 가신은 집안을 보살펴 주는 신으로 집 안 곳곳마다 서로 다른 신이 머문다. 가장 높은 신은 성주로, 집을 지켜 주고 부자가 되게 보살펴 준다. 최고의 신답게 집의 중심인 대들보에 산다.

부엌을 맡은 조왕신은 아궁이의 불을 다루기 때문에 신성시되었고 지위도 높다. 조왕신의 막내아들은 대문을 지키는 문왕신이다. 터주는 집터를 지키는 지신으로, 가신들 중 가장 먼저 자리를 잡는다. 어떤 모임에서 가장 오래된 사람을 일컫는 터줏대감이란 말도 그래서 생겼다.

집터를 지키는 터줏대감

이웃과 함께 품앗이로 하던 김장

김장은 월동 준비 중에서도 크고 중요한 일이다. 요즘과 달리 옛날에는 겨울에 채소를 구할 수 없어 김장 김치가 거의 유일한 채소였고, 다른 반찬도 달리 없기 때문에 겨우내 김치만 먹다시피 했다. 그러다 보니 담는 양도 많아서, 한두 사람이 못 하고 이웃끼리 품앗이로 한다. 1920년대에는 김장 방학을 주기도 했단다. 가난한 집에서는 이웃집 김장을 도와주고 얻은 김치로 겨울을 나기도 했다.

김장을 담글 때 필요한 재료들

겨울을 재촉하는 손돌바람

음력으로 10월 20일경이면 겨울 계절풍이 불면서 추워진다. 이것을 손돌바람 또는 손돌추위라고 하는데, 억울하게 죽은 손돌의 이야기가 전한다.

고려 시대 손돌이라는 사공이 강화도로 피난 가는 왕을 태우게 되었다. 도중에 물결이 거센 곳에 이르자 왕은 자신을 해치기 위해 일부러 험한 곳으로 간다며 손돌을 처형시켰다. 손돌은 죽으면서도 바가지를 물에 띄우고 그대로 따라가면 안전할 거라고 알려 주었다. 손돌이 말한 대로 했더니 정말로 안전하게 바다를 건널 수 있었고, 왕은 자신의 잘못을 뉘우치며 손돌의 넋을 달래는 제를 지내 주었다. 그 뒤 매년 손돌이 죽은 날이 되면 바람이 불면서 추워진다고 한다.

십일月월

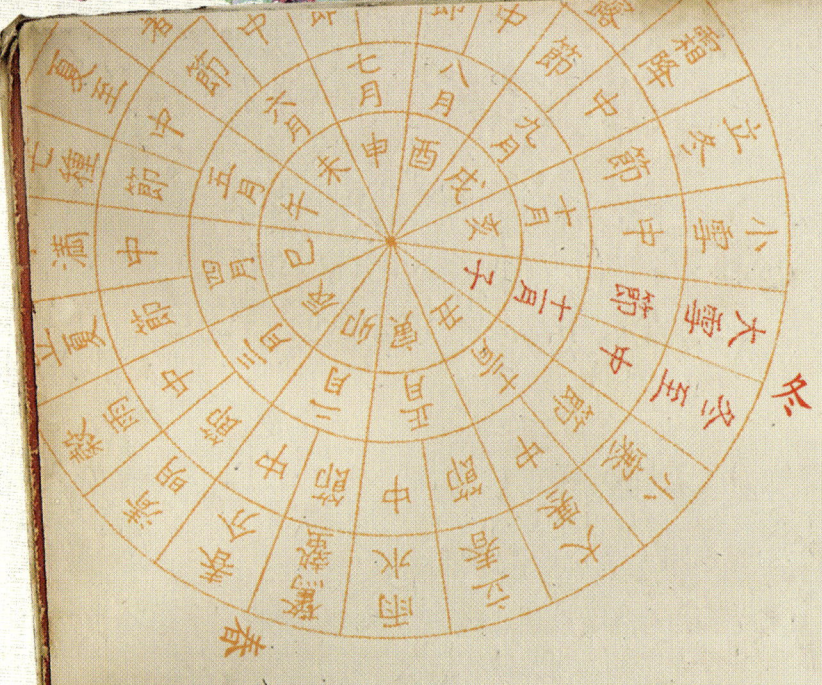

절기 대설
양력 12월 8일경으로, 큰 눈이 내린다는 날이지만 소설 때보다 조금 내릴 때도 많다.

절기 동지
양력 12월 22일경으로, 일 년 중 낮이 가장 짧지만 이날부터 다시 낮이 길어지기 때문에 새해의 시작으로 보기도 한다.

바람 소리는 더욱 차가워지고 해는 갈수록 짧아진다.
빈 들판에 겨울새 우는 소리가 쓸쓸히 울리고 눈이 내린다.
눈이 많이 오면 보리밭을 푹신하게 덮어 줘 추위에 얼지 않고
다음해 봄에는 그 눈이 녹아 가뭄을 줄여 준다.
그래서 예로부터 겨울에 눈이 많이 오면 풍년이 든다고 해서
겨울을 맞을 때면 눈이 가득가득 오기를 빌곤 한다.

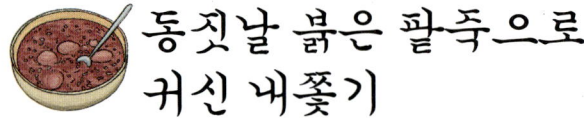
동짓날 붉은 팥죽으로 귀신 내쫓기

"어이, 추워."

동지 한파가 닥치기 전에 보리밟기를 해야 해서 식구들 모두 들에 나갔다. 발에 힘을 꽉 주고 지끈지끈 땅을 밟는데 찬 기운 때문에 등은 계속 움츠러들기만 했다.

"왜 이렇게 추운 거야? 이번 겨울엔 좀 따뜻했으면 좋겠네."

두 발을 쿵쿵 구르며 투덜거렸더니 아버지가 고개를 살래살래 흔드셨다.

"자고로 동짓달은 추워야 하는 법이여. 동짓달에 큰 추위 없이 넘어가면 이듬해 흉년이 든다는 말도 있어."

할아버지도 고개를 끄덕거리셨다.

"그럼, 어떤 계절이든 그 계절다워야 하는 법이지. 세상 만물이 계절

따라 변하면서 살게 돼 있는데, 겨울에 춥지 않고 여름에 덥지 않으면 어찌 되겠누?"

그런가? 하긴, 겨울에 따뜻하면 벌레들이 죽지 않고 살아남기 때문에 이듬해 농사를 망치게 된단다. 보리도 잘 안 자라고 말이다. 아이 참, 그러니 따뜻하길 빌 수도 없고, 그렇다고 추운 건 싫고, 이래저래 겨울은 힘들다.

보리밟기까지 했으니 농사일은 거의 마무리가 됐다며 어른들 표정에는 여유가 묻어 있다. 할아버지랑 아버지는 가끔씩 나무를 하거나 동네 아저씨들이랑 어울리며 지내신다.

요즈음 바쁜 건 외려 어머니랑 누나다. 메주를 쑨다고 며칠 동안 콩을 삶고 찧고 모양을 만드느라 집 안에 콩 냄새가 진동을 했다. 메주를 만들 때 어머니는 보통 정성을 들이시는 게 아니다.

음식이 맛있으려면 된장, 간장, 고추장 같은 장이 맛있어야 하는데, 이 장들을 담글 때 꼭 필요한 게 메주다. 그러니 기본 중의 기본인 **메주 만들기**에 정성을 들일 수밖에 없는 것이다.

"곰팡이 피지 않게 우선 겉을 꾸덕꾸덕 잘 말려야 하느니라."

어머니가 누나에게 메주 만드는 일을 가르치시는데, 해마다 하던 일인데도 이번에는 유난히 차근차근 짚어 주시는 것 같았다.

"불 너무 때지 마라. 메주 띄울 때 방이 적당히 뜨뜻해야지 뜨거우면 못 써."

누나도 어머니 말씀을 귀 기울여 들으면서 되새기는 걸 보면 이제는 누나 혼자서도 거뜬히 메주를 쑬 수 있을 것 같았다.

해가 차츰차츰 짧아지더니 드디어 동지!

아침에 눈을 떴는데도 밖은 여전히 어두컴컴해서 아침인지 밤인지 헷갈릴 정도다. 해가 그렇게 늦게 뜨면서 지기는 또 왜 그리 일찍 지는지, 하루가 정말 짧다.

"오늘이 낮이 최고로 짧은 날이에요? 아휴, 안 그래도 밤이 기니까 지루한데……."

이불 속에서 얼굴만 내밀고 구시렁대는데 누나가 한마디 거들었다.

"대신 낮이 다시 길어지기 시작하잖니."

응? 듣고 보니 정말 그렇네. 아, 같은 현상을 정반대로 생각할 수도 있구나.

"숙영이 생각이 그럴싸하구나. 해도 짧아지고 짧아지다 보면 한계가 있는 법이고, 결국 움츠러들던 기운이 되살아나는 게지. 세상 만물이 다 그런 거겠지."

할아버지는 또 할아버지 나름대로 해석하셨다.

"그래서 옛날에는 동지를 설로 쇠었다지 않니. 해가 어둠에 밀리다가 다시 기운을 차리는 날이니까 새해 첫날로 안성맞춤인 거지."

"아, 그래서 동지를 작은설이라고 부르는 거예요?"

아버지 말씀에 아는 체를 하며 묻는데 학동이가 불쑥 끼어들었다.

"작은설? 그럼, 떡국 먹는 거예요? 그런데 떡 안 했잖아요?"

"동지에는 떡국이 아니라 팥죽 먹는 거야. 어여 부엌에 가서 우리 학동이 팥죽 끓여 줘야겠다."

어머니가 하하 웃으며 방문을 열고 나가셨다.

날이 춥다며 학동이랑 방에서 뒹굴고 있는데 동지팥죽 끓이는 달착지근한 냄새가 문틈으로 들어왔다. 냄새에 이끌려 부엌을 들여다보았더니 찹쌀 반죽으로 동글동글 빚어 놓은 새알심들이 솥 옆에 가득 놓여 있다. 보기만 해도 침이 꼴깍! 팥죽을 먹을 때는 달콤한 팥 국물도 맛있지만 그 안에 빠져 있는 새알심을 건져 먹는 재미도 정말 좋다.

어머니는 팥죽이 다 끓자 먼저 방 안, 헛간, 장독 등 집안 곳곳에 놓아두고 대문에도 뿌리셨다. 역신이 팥죽을 무서워하기 때문에 이렇게 하면

역신 : 천연두를 퍼뜨리는 신.

집안에 못 들어온다나. 그 끔찍한 병을 퍼뜨리는 귀신이라면 무시무시할 것 같은데 고작 팥죽을 무서워하다니, 참 희한한 귀신이다.

식구들이 둘러앉아 팥죽을 먹는데, 학동이는 입맛을 다시며 새알심부터 건져 먹었다.

"희고 동글동글하니까 정말 새알 같아."

새알심을 입에 넣고 굴리며 좋아하던 학동이가 문득 제 그릇을 휘휘 젓더니 볼멘소리를 했다.

"몇 개 안 먹었는데 없네? 나는 왜 새알심을 이거밖에 안 줘요?"

"새알심은 나이 수만큼 먹는 거야."

어머니 대답에 학동이가 눈을 동그랗게 뜨더니 할아버지를 쳐다보았다.

"나이 수대로? 그럼 할아버지는 몇 개를 드셔야 해요?"

학동이의 엉뚱한 질문에 할아버지는 허허 웃으며 그릇에서 새알심을 건져 학동이 그릇에 옮겨 주셨다.

"옛다, 학동이가 이 할아비 나이 좀 덜어가라. 정말 나이 수대로 먹었다가 배 터질라, 허허."

"어디 보자, 내년에는 윤달이 들었을 것 같은데."

"내년에도 한식이 3월에 들었는데요."

할아버지는 아버지와 함께 책력을 넘겨 보며 내년 살림살이를 가늠해 보셨다. 잡곡이며 목화는 몇 월에 파종할지, 볍씨를 언제 틔울지 이것저것 따져 보셨다.

할아버지와 이런저런 이야기를 마친 후 아버지는 종수 형네 집으로 가셨다. 요즘 아버지는 저녁이면 보통 종수 형네 집에 마을을 가신다. 종수 형네 집에는 마을 아저씨들이 많이 모이는데, 함께 어울려 새끼도 꼬고 농사에 필요한 다래끼며 망태 같은 것도 만드신다. 들에 나가 일을 하는

책력 : 일 년 동안의 월일, 절기, 해와 달의 운행, 월식과 일식 같은 사항들을 날의 순서에 따라 적은 책.
마을 : 이웃에 놀러 다니는 일.

것도 아니고 밤도 길어서 주로 집 안에 있게 되는데, 그냥 놀 수는 없다며 짚으로 이것저것 만드시는 것이다. 아버지 말로는 이런저런 이야기를 나누니 심심하지도 않고, 밤에는 한 등잔 아래 모여 있으니 기름도 아낄 수 있어 일석이조란다.

"복동아, 이것 좀 종수네 사랑에 갖다 드리고 와라."

학동이랑 등잔 앞에서 그림자놀이를 하고 있는데 어머니가 방문 앞에서 소쿠리를 들고 부르셨다.

"지난 가을에 담근 술이랑 나물인데 아저씨들 드시라고."

학동이더러 함께 가자고 했더니 추워서 싫다며 이불 속으로 쏙 들어가 버렸다. 타박타박 밤길을 걸어가는데 추워서 그런지 거리에 나뒹구는 마른 낙엽 소리가 유난히 스산하게 들렸다.

종수 형네 사랑에 가서 어머니가 주신 소쿠리를 풀었더니 아저씨들 얼굴이 환해졌다.

"야, 맛나다. 복동이 어머니 음식 솜씨는 역시 좋다니까."

"음식 솜씨가 좋으니 술도 잘 담그시네그려."

아저씨들 너스레에 아버지가 두 손을 홰홰 내저으셨다.

"이 사람들이 술 한 잔에 아부가 심하구먼그래."

대근이 아저씨가 기분이 좋은지 노래를 흥얼거리시는데 소리가 구성지고 귀에 착착 감겼다. 나직나직 흐르는 노랫소리에 방 안 공기가 차분

해지는 느낌까지 들었다.

"그래, 박 진사네 아들은 이번 과거에도 낙방했다면서?"

"황 부자는 갈수록 더 인색해지는 것 같지 않나? 죽을 때 그 재산 다 지고 갈 것도 아니고, 원."

가물가물 꿈속에서인 듯 아저씨들 이야기가 귓가를 맴도는데, 나도 모르게 잠이 들었던지 아버지가 어깨를 잡아 흔드셨다.

"복동아, 일어나라. 집에 가자."

아버지가 깨우는 소리에 눈을 떠 보니 아저씨들이 옷을 챙겨 입으며 나설 채비를 하고 계셨다. 차가운 바람이 얼굴에 닿아 무심코 문쪽을 쳐다보는데 열린 문틈으로 사락사락 눈이 내리고 있었다.

"어이쿠, 눈이 어찌 이리 조용히 내리시나? 보아하니 제법 많이 내리겠는걸."

"잘됐네. 이번 눈 그치고 나면 토끼몰이나 하자고."

토끼잡이 이야기가 나오자 방을 나서던 아저씨들이 주춤주춤 발걸음을 멈추었다. 하지만 종이네 아버지가 신발을 신으며 발걸음을 재촉하셨다.

"토끼를 잡을 때는 잡더라도 어여 집에 돌아가야겠네."

"그러세. 눈이 더 쏟아질 것 같은데 밤길에 미끄러질라."

시간이 얼마 흐르지도 않았는데 집에 올 때쯤 해서는 눈이 제법 소복이 쌓였다. 사박사박 눈 밟는 소리에 고요 속에 잠긴 마을이 더욱 적막하게 느껴진다.

사립문 앞에 이르니

"스르릉 덜컹"

"삐그덕 찰칵"

어머니와 숙영 누나 베틀질 하는 소리가 장단 맞추듯 들려왔다. 아무도 나와 보지 않았는지 마당에는 아무 발자국도 없다. 베 짜기에 열중해 눈이 내리는 것도 몰랐던 걸까?

"스르릉 찰각"

"삐그덕 쿵."

차가운 겨울 마당 위로 눈은 계속 쌓이고 어둔 밤공기 속으로 베틀 소리만 흐른다.

세시풍속 백과

❀ 보리는 꾹꾹 밟아야 잘 커

동지가 되면 강추위가 찾아오는데, 그 전에 보리밟기를 해 준다. 날이 추워지면 땅속의 물기가 얼어 서릿발이 서면서 땅이 들뜨게 된다. 그러면 보리 뿌리가 같이 떠오를 수 있으므로 땅을 다져 주는 것이다.

보리밟기를 하는 사람들

보리가 어느 정도 자랄 때까지 겨울 동안 여러 차례 보리밟기를 해 준다. 보리가 잘 자라는 데에는 겨울철 눈도 도움이 된다. 눈이 잔뜩 덮여 있는 아래쪽은 날씨가 아무리 추워도 영하로 내려가지 않기 때문에 보리가 얼지 않는다. 그래서 눈은 보리의 이불이라는 말도 있다.

❀ 장 담그기의 시작, 메주 만들기

정월에 장을 담그려면 동짓달(11월)에 메주를 만들어 놓아야 한다. 먼저 콩을 잘 씻어 물에 불린 후 단시간에 삶아 낸다. 잘 익은 콩을 절구에 짓찧은 뒤 모양을 잡으며 뭉쳐 준다. 단단하게 잘 다져야 말리는 도중 부서지지 않는다.

따뜻한 방에 짚을 깔고 며칠 동안 잘 말려서 메주가 알맞게 뜨면 짚으로 묶어 바람이 잘 통하는 곳에 매달아 둔다. 메주를 말리거나 매달 때에는 짚을 사용하는데, 짚에 있는 미생물이 메주의 발효를 도와주기 때문이다.

방 안에 매달아 놓은 메주

팥죽의 붉은색은 귀신 쫓는 색

동지에 팥죽을 쑤는 것은 붉은색의 강한 기운을 얻기 위해서이다. 예로부터 붉은색은 밝은 기운이 강해서 못된 귀신을 물리치는 힘이 있다고 믿었다. 부적을 붉은 글씨로 쓰는 것도, 장독에 붉은 고추를 띄우는 것도, 새색시 얼굴에 붉은 연지곤지를 칠하는 것도 다 붉은색의 귀신 쫓는 힘 때문이다.

새알심을 넣은 동지팥죽

또 동지는 밤이 가장 긴 날이니 낮의 밝은 기운이 그만큼 부족할 수밖에 없다. 이때 붉은 팥죽으로 강한 기운을 보태려는 의미도 있다.

팥죽을 무서워하는 역신

동지팥죽을 무서워하는 역신은 본디 공공이라는 사람의 아들이었다고 한다. 이 아들이 온갖 못된 짓을 하고 다니다 동짓날 죽었는데, 이번에는 천연두를 퍼뜨리는 역신이 되었다. 지금은 사라졌지만 옛날에 천연두는 치명적인 전염병이었다. 한번 걸리면 살아남기 어려웠고, 간신히 살아나도 얼굴이 얽기 일쑤였다. 그런데 이 아들이 평상시 붉은 팥을 무서워했던 터라 팥죽을 쑤어 집 안 곳곳에 뿌렸더니 다시는 나타나지 않았고, 그때부터 동짓날 팥죽을 쑤는 풍속이 생겼다고 한다.

십이月월

절기 소한
양력 1월 6일경으로,
한겨울 추위가 매섭다. 작은 추위라는 뜻이지만
실제 추위는 대한보다 더하다.

절기 대한
양력 1월 20일경으로,
소한부터 시작된 추위가 절정에 달하지만 이때를
고비로 추위가 수그러들기 시작한다.

명절 제석
음력 12월 마지막 날로,
한 해를 마감하고 새로운 해를 준비하는 날이다.

소한에서 대한 사이는 일 년 중 가장 추운 때이다.
눈 덮인 들판에 거친 바람이 몰아쳐
바닥에 내려앉았던 눈을 어지러이 흩뿌린다.
쌩쌩 부는 겨울바람에 손이 얼고 볼이 차갑지만
연날리기며 썰매타기, 팽이치기에 아이들은 그저 신 난다.
여유로운 시간들 속에 어느덧 한 해가 저물고
사람들은 또 다른 한 해를 맞을 준비로 분주해진다.

# 한 해를 마무리하고
새해를 준비하기

"워! 워!"

뒷산에서 토끼몰이를 하느라 고함소리와 꽹과리 소리가 요란하게 울렸다. 토끼 사냥은 농사일 없는 겨울철 소일거리로 안성맞춤이다.

"복동아! 참새 잡으러 가자!"

우리 같은 아이들은 또 우리끼리 어울려 참새를 잡으러 동네방네 뒤지고 다녔다. 특히 납일에는 아침밥을 먹기 무섭게 친구들이 찾아왔다. 급하게 신발을 꿰어 신으며 마당으로 내려서는데 누나가 함지박을 들고 부엌문 앞에 엉거주춤 서 있었다.

"어머니, 어떡할까요? 그릇들을 안 내놔도 될까요?"

누나 말에 어머니가 하늘을 올려다보셨다. 그동안 내린 눈으로 마을은 눈에 쌓인 모습 그대로인데, 정작 납일에는 하늘만 꾸무럭할 뿐 눈발은

납일 : 한 해 동안의 일이나 농사 결과를 하늘에 고하는 날.

날리지 않았다.

"하늘이 흐리긴 하다만, 눈이 올 것 같진 않구나. 올해도 납설수 구하기는 텄나 보다."

"이번 겨울에는 눈이 제법 온다 싶은데도 정작 납일에는 눈이 내리질 않네요."

누나는 마당으로 내오려던 함지박을 다시 부엌으로 들여갔다.

"납설이 정말 귀하긴 귀한 눈인가 보다. 내 나이 곧 환갑인데 납설을 본 건 손가락으로 꼽을 정도니 말이다."

할아버지도 아쉽다는 듯 하늘을 올려다보셨다.

문밖에 나서니 친구들이 모여 있는데, 동철이는 그럴싸하게 활까지 만들어서 매고 왔다.

"나도 갈래!"

어느새 학동이가 마당을 가로질러 따라나왔다.

"안 돼! 활까지 쏘는데 위험하단 말이야. 다치면 어떡하려고."

활 때문에 위험하다고는 했지만, 그건 사실 학동이를 떼어 놓으려는 핑계였을 뿐이다. 학동이를 데리고 다니려면 뜀박질도 뒤처지고 조금만 힘들면 칭얼거려서 영 성가신 게 아니다.

친구들이랑 후다닥 자리를 뜨는데 학동이는 입을 삐죽거리며 눈에 눈물까지 그렁그렁 맺혔다. 저만치 가다 뒤돌아보니 할아버지가 어떻게 달래셨는지 그새 얼굴이 풀어져 있었다.

"오늘은 몇 마리나 잡힐까? 한두 마리는 구워 먹어 봤자 간에 기별도 안 가는데……."

달구가 참새를 잡기도 전에 입맛부터 다셨다.

"참새는 작아서 먹을 게 별로 없단 말이야, 쩝."

"그래도 맛은 좋잖아."

"맞아! 참새가 소한테 '네 고기 한 관을 줘도 내 고기 한 점이랑 안 바꿔!' 그랬다잖아."

관 : 무게의 단위. 한 관은 10근으로 3.75킬로그램에 해당한다.

"정말? 맞는 말이다, 야. 맛까지 없으면 우리가 뭐 하러 그 작은 참새를 잡으러 다니겠냐?"

"맞아, 맞아."

저물 때까지 왁자지껄 신 나게 몰려다니기는 했지만 정작 잡은 참새는 몇 마리 되지 않았다. 그래도 친구들이랑 사냥놀이를 하는 건 언제나 신난다.

놀 때는 몰랐는데 친구들과 헤어질 때가 되니 추위가 느껴지면서 볼이 시렸다. 손을 호호 불며 집에 들어와 보니 학동이가 할아버지랑 참새를 잡았다며 자랑을 늘어놓았다. 작대기 위에 소쿠리를 걸쳐 놓고 모이를

뿌려 참새를 유인해서 잡은 것이다.

  내가 잡은 참새랑 학동이가 잡은 참새를 어머니가 아궁이 불에 구워 주셨다. 아, 참새 고기는 언제 먹어도 맛나다니까.

  설이 가까워 오니, 집집이 명절 준비로 들썩였다. 설을 준비하느라 마을에는 분주하면서도 흥겨운 기운이 흘렀다.

  "어디, 세찬으로 뭘 어떻게 마련할지 한번 볼까. 아범이랑 어멈은 이리 와 보아라."

  할아버지가 설에 필요한 것들을 챙겨 보자며 아버지와 어머니를 부르셨다.

  "대추랑 생밤은 가을에 따로 챙겨 두었고요, 고기도 그동안 마을 사람들이랑 계를 부은 게 있으니 걱정이 없네요."

  "꿩은 아범이 덫을 놓아 잡은 것이 있으니 그걸 쓰면 되겠구나."

  "양지말 길수 형님이 생선을 몇 마리 보내셨던데, 저희는 꿩을 한 마리 보내 드릴까요?"

  "허허, 명절이면 이렇게 친지들과 선물을 주고받는 것도 큰 기쁨 아니겠느냐. 가난하면 가난한 대로, 잘살면 잘사는 대로 형편에 맞게 주고받으면 되는 것이지."

  할아버지는 도성 사시는 김 생원 할아버지에게도 잊지 않고 계란을 보

세찬 : 설에 세배하러 온 손님들을 대접하는 음식.

내셨다.

어머니는 순례네랑 종이네랑 몇몇 집을 다니며 의논하시더니, 달구네가 설을 쇠도록 십시일반으로 세찬거리를 장만해 주셨다.

"아무리 힘든 살림이지만 새해 첫날부터 굶주린데서야 말이 되나. 그런 일이 있다면 본인도 비참한 일이지만, 함께 사는 이웃들이 더 반성할 일이야."

할아버지는 어머니에게 아주 잘한 일이라며 거듭 칭찬을 하셨다.

드르륵 드르륵.

두부 만들 콩을 갈랴 만두 빚을 메밀가루를 내랴 맷돌 돌아가는 소리가 요란하더니,

철썩!

쿵!

떡 치는 소리가 우렁차게 들려왔다.

어머니는 떡을 밀어 기다랗고 둥근 가래떡을 만들더니 채반에 가지런히 늘어놓았다.

"쩝쩝. 어, 떡 안 썰어?"

학동이가 누나 옆에서 가래떡을 하나 집어 냠냠거리며 참견을 했다.

"지금 썰면 떡 모양이 안 나와. 꾸덕꾸덕 말라야 썰기도 좋고 모양도 예쁘지. 에그, 학동이 너 그만 좀 집어 먹어."

십시일반 : 밥 열 숟가락이 모이면 한 그릇이 되는 것처럼 여러 사람이 조금씩 힘을 모으면 한 사람을 돕기 쉽다는 뜻이다.

나는 이제 컸으니까 별로 그러지 않는데, 어머니랑 누나가 음식을 하면 학동이는 꼭 옆에서 손을 대곤 한다. 아무리 지청구를 들어도 소용이 없다. 하지만 나 역시 참을 수 없는 것이 있으니, 바로 강정을 만들 때다.

"야, 강정이다!"

자글자글 기름 속에서 부풀어 오르는 강정을 보면 침이 꼴딱 넘어가며 나도 모르게 입이 헤벌쭉해진다.

"난 깨보다 콩가루 묻힌 게 더 좋더라."

학동이도 입맛을 다시며 기름 속에 끓고 있는 강정을 바라보았다.

"차례 상에 올릴 거지, 너희 주전부린 줄 알아?"

누나는 눈을 흘기면서도 갓 튀겨 낸 강정에 깨며 콩가루, 잣가루를 묻혀서 우리들 입에 넣어 주었다.

어머니와 누나는 낮이면 세찬을 마련하느라 부엌을 떠날 줄 모르고, 저녁이면 설빔을 짓느라 바느질에 다시 바빴다.

"우리 숙영이가 이제는 식구들 옷을 척척 짓는구먼그래."

아버지가 바느질하는 누나 모습을 보고 고개를 끄덕거리셨다.

"그럼요. 숙영이도 시집갈 때가 다 된걸요."

"그러게 말이오. 아무래도 내년에 잔치를 해야겠지?"

아버지랑 어머니가 주거니 받거니 누나 혼인 이야기를 하시는데, 정작 누나는 상관없는 사람처럼 바느질에만 코를 박고 있었다.

설 준비로 분주한 것 같더니 어느새 제석, 한 해의 마지막 날이 왔다. 나랑 학동이까지 끼어서 집 안 구석구석을 청소했다. 어머니 아버지는 혹시 빠진 음식은 없는지, 밀린 일은 없는지 마무리에 정신없이 하루를 보내셨다.

제석: 설 바로 전날인 섣달 그믐날 밤으로, '제야(除夜)'라고도 한다.

어스름 해가 넘어갈 즈음에 보니 할아버지가 우두커니 먼산을 보고 계셨다. 그 표정이 쓸쓸해 보이는데, 할아버지처럼 나이가 많은 사람들은 한 해가 가는 게 싫으신 걸까?

"서산에 지는 해를 어제 오늘 보는 것도 아닌데, 섣달 그믐날이라 그런지 새삼스럽구나. 흠흠."

할아버지는 나랑 눈길이 마주치자 겸연쩍은 듯 헛기침을 하셨다.

여느 날 같으면 어둠 속에 잠겨 있을 시간이지만 집집마다 밝혀 놓은 등불로 마을이 훤하고, 거리에는 묵은세배 다니는 사람들의 발걸음이 이어졌다. 우리 집에도 양지말 길수 아저씨가 찾아오셨다.

"덕분에 올 한 해도 잘 보냈습니다. 내년에도 잘 보살펴 주십시오."

"내가 뭐 해 준 게 있다고. 다 자네가 열심히 일한 덕분이지."

아저씨가 할아버지랑 아버지와 앉아 이런저런 이야기를 나누다 돌아가시는데, 학동이가 꾸벅 인사를 했다.

"내년에 뵙겠습니다."

"내년?"

눈이 둥그레져서 학동이를 쳐다보던 아저씨가 껄껄 웃으셨다.

"그러고 보니 날이 밝으면 내년이네그래. 하하!"

화롯가에 둘러앉아 날이 밝기를 기다리는데, 꾸벅꾸벅 고개가 자꾸 꺾

였다.

"너희, 오늘밤에 잠자면 눈썹이 하얗게 된다."

"아, 안 자요. 언제 잤다고 그래요?"

아버지가 겁주는 말에 화들짝 놀라서 손사래를 쳐 보지만 그것도 잠시, 이내 손에서 힘이 풀려 버렸다.

밤도 깊어져 삼경이 다 된 시각, 이 삼경을 넘으면 '내년'이다. 밤중 한 시각은 잠깐이건만 그 잠깐 사이에 금년과 내년이 나뉘는 것이다.

"아이, 시간이 왜 이리 꾸물꾸물 간담."

삼경: 하룻밤을 오경이라고 해서 다섯으로 나누는데, 삼경은 그 가운데 셋째 부분으로 밤 열한 시에서 새벽 한 시 사이를 말한다.

세시풍속 열두마당

학동이가 이불을 끌어당기며 드러누우려다가 "눈썹!" 하는 누나 소리에 벌떡 일어나 투덜거렸다.

꾸벅꾸벅 졸다가 문득 저녁나절 할아버지 모습이 떠올랐다. 우리에게는 이 시간이 거북같이 느린데, 할아버지는 우리랑 다르시겠지? 아마 할아버지에게는 시간이 쏜살같이 느껴질 것 같다.

눈을 부릅뜨며 무거운 눈꺼풀을 간신히 들어 올리는데 나도 모르게 까무룩 잠이 들었나 보다. 잠결에 무심코 눈을 떠 보니 어머니가 학동이 눈썹에 하얗게 분가루를 칠하고 계셨다. 아침에 학동이가 놀랄 생각을 하니 슬그머니 웃음이 났다.

그러다 다시 잠이 들었던 걸까? 뭔지 모를 기운에 놀라 고개를 들어 보니, 동창에 붉은빛이 비치며 새해 아침이 밝아 온다.

세시풍속 백과

❀ 납설수는 만병통치약

　납일(臘日)은 한 해 동안의 일이나 농사 결과를 하늘에 고하는 날로서, 나라에서는 종묘와 사직에 제를 올리고 각 가정에서도 여러 신에게 제사를 지냈다. 납설수(납일에 내린 눈을 녹인 물)는 약이 된다고 해서 귀하게 여겼는데, 납설수로 눈을 씻으면 눈병이 나지 않고 눈이 밝아진다고 믿었다. 납설수를 김장독에 넣으면 맛이 변하지 않고, 옷과 책에 바르면 좀이 슬지 않는다고 했다. 납일에 잡은 참새고기를 먹으면 천연두를 곱게 앓는다고 해서 참새잡기도 성행했다.

❀ 떡국은 누구나 준비하는 세찬

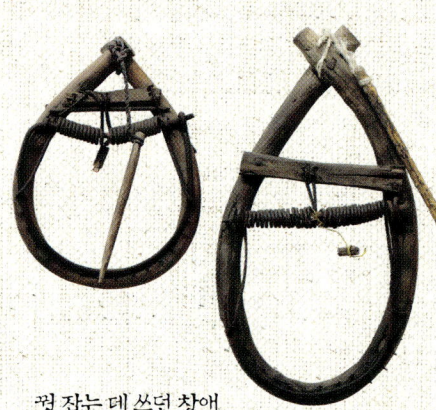

꿩 잡는 데 쓰던 창애

　설날은 가장 큰 명절답게 준비할 것도 많다. 고기는 마을 사람들이 함께 계를 부어 마련한다. 평소에는 소를 잡지 못하게 나라에서 엄격하게 막지만, 설에는 그 금지령을 잠시 풀어 준다. 덫을 놓아 잡은 꿩도 요긴하게 쓰인다. 세찬의 규모와 양은 집마다 다르지만 떡국은 누구나 한다. 가래떡을 얄팍하게 썰어 장국에 꿩고기를 넣고 끓이는데, 꿩이 없을 때는 닭고기를 쓴다. "꿩 대신 닭"이라는 말은 여기에서 나왔다.

묵은 액을 물리치고 새로운 복 받기

마지막 날이 되면 집안 곳곳을 청소하고 그 쓰레기를 태운다. 묵은해의 잡귀와 액을 물리치고 새해를 맞기 위해서이다. 청소를 마친 뒤 쓰레기를 태우는 일은 곧 잡귀를 불사른다는 의미도 된다. 궁궐에서도 안팎을 깨끗이 정돈한 뒤 여러 가지 가면을 쓰고 제금과 북을 울리면서 궁 안을 돌아다니며 잡귀를 몰아내는 의식을 거행했다.

묵은해를 보내고 새해를 맞는 글귀(송구영신)를 써 붙인 대문

제야에는 왜 잠을 안 잘까

한 해의 마지막인 섣달 그믐날은 제석 또는 제야라고 한다. 제야에는 방방이 환하게 불을 밝히고 뜬눈으로 지낸다. 이것을 '수세'라고 하는데, 도교의 경신 신앙에서 비롯되었다고 한다. 도교 신앙에서는 60일에 한 번씩 경신일이 되면 사람 몸에 있던 삼시충이 하늘로 올라가 그 사람의 잘못을 고한다고 한다. 그래서 이를 막기 위해 경신일에 밤을 새는 풍습이 있었는데, 이것이 섣달그믐날 밤을 새는 풍습으로 남은 것이다.

오늘날 제야 행사인 보신각 타종

찾아보기

ㄱ
가래장부 61
가래질 60, 61, 62, 65
가마싸움 126, 130
강릉단오제 92
개자추 이야기 58, 64
거풍 110
견우 108, 109, 110, 116
경칩 38, 45
곡우 52, 63
귀밝이술 29, 37
그네뛰기 84
금줄 15, 20
김매기 96
김장 150, 151, 152, 159
꽃샘추위 45, 50

ㄴ
나물 캐기 46, 47
나후직성 28, 37
납설(수) 177, 188
납일 176, 177, 188
널뛰기 25, 26
노비송편 40, 41, 42
누에 63, 67, 74, 75, 76, 79

ㄷ
단오 65, 80, 82~87, 92, 93
단오놀이 83, 84, 85
단풍놀이 136
달맞이 32, 33, 34
달집 34
답청 56

ㄹ
대보름 22~37
대서 94, 95, 97
대설 160
대청소 42, 43
대한 174, 175
더위팔기 31, 97
덕담 11
동지 160, 162~167, 172, 173
떡국 11, 12, 18, 188

ㅁ
망종 80, 81
머슴날 39, 40, 50
메주 163, 164, 172
모내기 51, 60, 76, 79, 81, 90, 93
목화 127, 128, 129, 141, 143
못자리 61, 62
묵은세배 184
물레 155
물맞이 104, 105
밀전병 108, 109

ㅂ
반보기 127, 130
백로 118
백중 106, 111, 112, 113, 117
번철 55, 57
베 짜기 170, 171
벼 베기 136, 137
벼 타작 138, 139, 140, 144
볏가릿대 28, 40, 50
보름달 32, 34, 36

보리밟기 163, 172
보리타작 88, 89, 90
보릿고개 47
복조리 11
봄갈이 47, 51, 59
부럼 30, 31, 37
부채 86, 87, 105

ㅅ
삼계탕(계삼탕) 104
삼복더위 101, 105, 105
삼짇날 52, 54, 55, 56
상강 132
상달고사 146, 148, 149, 158
새 쫓기 113, 114, 117
설날 8~21, 65
설빔 12, 183
성묘 56, 57, 65, 123, 124
성주신 148, 158
세배 11, 12
세찬 180~183, 188
소만 66
소서 94, 95, 97
소설 146
소한 174, 175
손돌바람 155, 159
송편 121, 123, 124, 130
수단 99, 100
수부희 69, 78
써래질 76
씨름 85, 86, 93
씨아 143, 145

ㅇ

아홉차리 17
야광귀(양괭이) 15, 19
역신 165, 173
연(날리기) 26, 27, 31, 32, 175
연등놀이 68~74, 78
영등신 50
오곡밥 29, 37
용알뜨기 15, 21, 36
우경 51
우수 22
원놀이 126, 130
유두 94, 95, 99~105
윷(놀이) 24, 25
입동 146
입추 106
입춘 8, 16, 20
입춘축 16, 20
입하 66

ㅈ

잠실 63
장 15, 16, 20, 163
쟁기질 39, 47, 48, 49, 51, 61
정월 8
정초 십이지일 16, 21
제기차기 28
제석 174, 183, 189
제웅치기 28, 37
조바심 140
조왕신 158
줄다리기 36
중양절 55, 132, 134, 135, 136, 144
중화절 39, 50
쥐불놀이 16, 21
직녀 108, 109, 110, 116
짚 141, 145, 167, 168

ㅊ

차례 11, 19, 65, 82, 123, 130
차례 상 10, 11, 19, 183
책력 167
처서 106
천렵 76
청명 52, 59
체 14, 15, 19
초파일 66, 68~74, 78
추분 118
추석(한가위) 65, 118~126, 130, 131, 134
춘분 38
칠석 106, 107, 108, 109, 110, 116

ㅋ ㅌ ㅍ ㅎ

콩서리 114, 115
탁족 105
토끼 사냥 176
팥죽 165, 166, 167, 173
풀각시놀이 60
하지 80
한로 132
한식 52, 56, 57, 58, 59, 64, 65
호드기 59, 60
호미씻이 111, 112
화전놀이 54, 55, 57, 64

풍속화 사진 자료 출처

* 본문 쪽수_풍속화 제목_작가_도록 출처 순으로 적었습니다.

26쪽 〈널뛰기〉_김준근, 《민속에 대한 기산의 지극한 관심》(민속원, 2004년)
27쪽 〈연날리기〉_김준근, 《기산, 한국의 옛 그림─풍경과 민속》(민속원, 2003년)
28쪽 〈제기차기〉_김준근, 《민속에 대한 기산의 지극한 관심》(민속원, 2004년)
33쪽 〈달맞이〉_작자 미상, 《옛날 사람들은 어떻게 살았을까》(창비, 1997년)
46쪽 〈쑥 캐는 여인〉_윤두서, 《옛날 사람들은 어떻게 살았을까》(창비, 1997년)
48쪽 〈논갈이〉_김홍도, 《조선시대 풍속화》(국립중앙박물관, 2002년)
62쪽 〈삽가래질〉_김준근, 《민속에 대한 기산의 지극한 관심》(민속원, 2004년)
70~71쪽 〈성시도〉 세부 그림_작자 미상, 《조선시대 풍속화》(국립중앙박물관, 2002년)
77쪽 〈논갈며 이종하는 모양〉_김준근, 《기산, 한국의 옛 그림─풍경과 민속》(민속원, 2003년)
82~83쪽 〈씨름〉_김홍도, 《조선시대 풍속화》(국립중앙박물관, 2002년)
85쪽 〈단오풍정〉_신윤복, 《조선시대 풍속화》(국립중앙박물관, 2002년)
89쪽 〈도리깨질 하는 모양〉_김준근, 《기산, 한국의 옛 그림─풍경과 민속》(민속원, 2003년)
89쪽 〈키질〉_김준근, 《기산, 한국의 옛 그림─풍경과 민속》(민속원, 2003년)
97쪽 〈고누놀이〉_김홍도, 《조선시대 풍속화》(국립중앙박물관, 2002년)
105쪽 〈노승탁족도〉_조영석, 《조선시대 풍속화》(국립중앙박물관, 2002년)
139쪽 〈벼 타작〉_김홍도, 《겨레와 함께 한 쌀》(국립중앙박물관, 2000년)
142쪽 〈방적〉_김준근, 《민속에 대한 기산의 지극한 관심》(민속원, 2004년)
156쪽 〈자리짜기〉_김홍도, 《조선시대 풍속화》(국립중앙박물관, 2002년)
169쪽 〈짚신과 가죽신 제작〉_김준근, 《민속에 대한 기산의 지극한 관심》(민속원, 2004년)
182쪽 〈두부짜기〉_김준근, 《민속에 대한 기산의 지극한 관심》(민속원, 2004년)
182쪽 〈맷돌질〉_김준근, 《민속에 대한 기산의 지극한 관심》(민속원, 2004년)

사진 제공처

간송미술관, 국립민속박물관, 국립중앙박물관, 김은하, 연합뉴스, 웅진포인스, 유로크레온, 이미지클릭, 중앙포토, 타임스페이스

* 이 책에 사용된 사진은 해당 사진을 보유하고 있는 단체와 저작권자의 허락을 받아 게재한 것입니다.
  사진을 제공해 주신 분들께 감사드립니다.
* 저작권자를 찾지 못하여 게재 허락을 받지 못한 사진에 대해서는 저작권자가 확인되는 대로 게재 허락을 받고, 통상
  의 기준에 따라 사용료를 지불하도록 하겠습니다.